# なぜ幸村は家康より日本人に愛されるのか

本郷和人

GENTOSHA

目次

# なぜ幸村は家康より日本人に愛されるのか

## 真田幸村はなぜかっこいいのか?


(少し長めの)はじめに

人とは違うことを書きたい!

ぼくだけの切り口で、大好きな幸村を書きたい!! • 13

真田「幸村」は物語の主人公だった • 16

# 第一章

# 関ヶ原を、改めて、考えてみよう


真田幸村の生涯・その1　父・昌幸のかげで・17
真田幸村の生涯・その2　家族で敵味方に・19
真田幸村の生涯・その3　大坂の陣での大活躍・21
真田幸村の生涯・その4　庶民のヒーローに・24
本書の構成——ここだけは是非、読んでください——・26
歴史的人間の分かりにくさ、面倒くささ・29
意識の違いはどこから来るのだろう・31
人間の登場——幸村はぼくたちと同じように感じ、考えていた？——・33
応仁の乱以後の人間は分かるような気がする・34
「将軍」を日本史学はどう捉えてきたのだろうか？・38
将軍の権力は二つの要素から成り立つ？・40

# 第二章

# 関ヶ原の敗者は豊臣秀頼である


将軍権力の定説に挑戦してみよう・42
武士だって「進歩」してきた・44
名目(タテマエ)でなく中味(ホンネ)で将軍権力を語る・47
ホンネの権力は将軍から天下人へ・48
秀吉のあとの天下人は秀頼のはずだが・50
豊臣政権下の家康　五大老の一人として・54
家康の位相が戦いの中で変化する・58
関ヶ原の戦いは家康VSだれ?・62
戦いに勝利する条件とは何か?・64
家康の勝利　新しい天下人の誕生・65
関ヶ原の戦いが実質的な将軍を作った・67

天下人二人はありえない・69
豊臣家をじっくり、確実につぶす・71


## 第三章　徳川家康とはどんな男か？

迂遠だけど、安房・里見氏の物語・76
里見義康は家康についたのだが……・80
家康は石橋を叩いて渡る・82
おめでたい名前が日本列島に並ぶわけ・83
「穢土」に生きる家康・85


## 第四章　家康って、案外いい人だと思う

徳川家康ができあがるまで・90

第五章


若き日の家康は「新田＝源氏」も知らなかった・92
勉強して『吾妻鏡』も読みこなせるように・95
家康の女性関係はマカフシギ・96
正室も側室も大事にしていない？・99
家康は実は愛妻家だった？・101
人間・家康のハートを感じる・102


# 大坂城にはスパイがいっぱい!?


ガラシャの死をだれが語り伝えたか？・106
細川家の重臣、米田という武家・108
北条早雲の逸話にはモデルがあった？・111
細川家の次男と重臣も大坂へ・112
輝元のいとこ、お土産持参で大坂へ・114

哀れな佐野道可と息子たちの話・116
毛利家のゆるさ？　それとも律儀さ？・118
怪しいヤツは米田是季の他にもいた・119
なぜ米田是季は残党狩りを免れたのか・121
米田是季はスパイだったんじゃないか？・122


## 第六章　北陸から、家康が愛した女性たちの話へ


関ヶ原のとき、北陸の大名は何をしていたか・126
北陸の地で滅びた山口宗永・127
丹羽長重は戦後に復活・129
秀吉と縁のある青木一矩は取りつぶし・131
ついでに青木一重も紹介しましょう・132
大坂側についたのに身は安泰の人々・134

# 第七章 大坂城の男たち

頭が良くて、権力を愛する女性ってどうですか？・136
後妻は山口宗永の孫娘・138
前田家は「加賀百万石」に・139
青木家の女性、お梅は家康のもとへ・140
それでも松平正綱はお梶の方が忘れられない・142
前田家は真っ二つ・146
徳川についたことを納得できない者たちも・148
号令をかけたのはおまつ？　それとも・149
前田利政は大坂城で戦っていたかもしれない・151
ここにも大坂城に入った元・城主が！・153
まだいる、大坂城関係者・155

どっちにつくかは本当に悩ましい・156
元・城主をもう一人ご紹介します・157
では、城内の有名人をまとめて・159
大坂の陣で滅んだ長宗我部盛親・161
幸村に次ぐ活躍をした毛利勝永・163
そしてわれらが幸村は・165

## 第八章 大坂城の女たち

大坂城主は秀頼ではなく淀殿・170
茶々はいつから淀殿になったか・172
女城主は、かく戦った・173
尼になっても、やるときはやる・176
大坂城内にいた「おきく」・177

# 第九章

# 幸村の何が人をひきつけるのか

火事場からの脱出はスピードがカギ・178
いちかばちか見知らぬ男にかける・179
常高院の一行に紛れ込んで・180
衣服の縁で心強い仲間ができる・182
京都へ落ち延びる・184
即断即決プラス幸運で助かった・186
豪勇、本多平八郎・190
武士は形から入るという家訓・191
本多家と小笠原家の深いご縁・193
大坂の陣で壊滅するも、さらに栄転・196
勝敗はすでに決していた大坂夏の陣・198

城に残った者たちの心意気・201
最後の戦場に向かう心中にあるもの・202
だから幸村はかっこいい・204

おわりに・207

装幀／多田和博
カバー写真／大坂夏の陣図屏風（大阪城天守閣蔵）
イラスト／飯村俊一
地図／谷裕子
ＤＴＰ／美創
編集協力／オフィス２０１（新保寛子）

# 真田幸村はなぜかっこいいのか？

## （少し長めの）はじめに

**人とは違うことを書きたい！　ぼくだけの切り口で、大好きな幸村を書きたい!!**

平成二十八（二〇一六）年のＮＨＫ大河ドラマは真田幸村が活躍する「真田丸」。それで幸村の生涯を説明したり、その実像を解き明かしたりする本がたくさん出版されることが予想されます。

実は「幸村を史実に重きを置いて書いてもらうとすると、だれがいいと思います？」と友人の編集者から相談を受けました。それも三社から。

そうですねえ。大河ドラマを念頭に置くとなれば、〆切りは厳守ですよねえ。きちんと時間を守りながら、しかも内容がカチッとしているとなると、渡邉大門さんと平山優さんかな。「はい。そのお二人は鉄板として、あと他には?」うーん、AさんとBさんとCさんかな。「そうですか、検討しますね。どうもありがとう」。……とまあ、その場はそれで済んだのです。

ところが。思いもかけないリクエストが。他の人を推薦している場合じゃないでしょ。あなたが自分で書きなさいよ! と幻冬舎の福島さん。ええぇ。ぼくですか。思ってもみなかったな。でも、歴史大好き少年だったぼくは、幸村が二番目に大好きだったし(ちなみに一番は楠木正成)。歴史研究者になった今、子どものころのアイドルに挑戦してみるのも面白いかな。

ただし、ここで問題が一つ。真田幸村という人は、歴史学を用いてはなかなか捕まえられない人物なんです。歴史学を用いて、というのは「証拠をきちんと踏まえて」ということ。だれもが納得するような証拠に基づいて、幸村の人生を復元する、ということです。

じゃあ、証拠というのは何? これは歴史資料、略して史料です。もっとも価値の高い一次史料としては「古文書」と「古記録」。古記録というのは耳慣れない代物だと思いますが、日記ですね。それから、価値は一段低くなりますが、『吾妻鏡《あずまかがみ》』や『信長公記《しんちょうこうき》』みたいな編纂物。

真田幸村は日記をつけていたわけではないので、「古記録」の活用はほぼムリ。では古文書はどうか。ぼくが勤務する史料編纂所には「日本古文書ユニオンカタログ」という便利なデータベースがあって、キーワードを入力して検索すると、それに関するすべての古文書が表示される。そこで幸村の父の「真田昌幸《まさゆき》」をキーワードとして検索をかけてみると、おお、百七十六件がヒットした。なるほど。では今度はお兄さんの「真田信幸《のぶゆき》（信之）」はどうかな。ええと、信幸で四十七件、信之で八十八件。ふむふむ。

さて、ではいよいよ「真田幸村（信繁《のぶしげ》）」です。すると、なんとびっくり、幸村は〇。信繁で七。合わせて、たったの七件なのです。これは……あまりに少ない。少なすぎる！

この史料を使って、何の工夫もなしに幸村の生涯を描くとなると、後述する「その1」と「その2」でほぼ尽きてしまいます。分量が少なくて、とても本になんか、ならない。こうなると、叙述の方法は自ずと限られてきます。まずAとして、信濃《しなの》の武家、真田家の歴史を語り、そこに幸村を位置づける（ありていに言えば、くっつける、乗っける）方法。それからもう一つ、B。こちらは、歴史学はあきらめる。フィクションを駆使して幸村を描き出す。

ぼくは、歴史研究者です。だから、Bはやりたくないし、できない。だいたい、池波正太郎《いけなみしょうたろう》『真田太平記』という大作があって、これと勝負しなくてはならない。勝ち目はありません。だからAで本書を構築しなくてはならないんだけれども、Aのふりだけして Bも使っちゃう、というのもやりたくない。

これは具体的にはどういうことかというと、歴史を語っているように見せて、よく読んでみると、軍師が出てきたり、忍者が出てきたりするヤツです。良質な史料に依拠するなら、軍師なんてものは日本史にはいなかったし、跳んだりはねたりする忍者もいない。そういうのは抜きにして、良心的に話を進めたいのです。

## 真田「幸村」は物語の主人公だった

おかしいじゃないか、おまえの言うことが正しいなら、なんで真田幸村の物語はこんなに人口に膾炙《かいしゃ》しているんだ、とおっしゃりたい方がいらっしゃると思います。それは簡単です。後述しますが、みんな江戸時代にできた、物語なんです。真田十勇士も。それから、そもそも真田幸村という名前も。でも、ぼくは幸村の真実に迫りたい。だから、やっぱり、Aを踏み外すわけにはいかない。

よっしゃ、言い訳はそれくらいにして、書いてみましょうか。でも、繰り返しになりますけれども、他の本と大同小異ではつまらない。毀誉褒貶《きよほうへん》はつきものとして、オリジナリティのある本にするにはどうしたらいいのかな……。さて、いったい、どうなることでしょう。どうぞ、読んでみてください。

## 真田幸村の生涯・その1　父・昌幸のかげで

歴史が好きな人だと大概知っていますが、幸村という名前がまずおかしい。彼の本当の名は信繁です。本書もとりあえず信繁にしましょうか。

永禄《えいろく》十（一五六七）年、信繁は真田昌幸（当時は武藤喜兵衛《むとうきへえ》を名乗っていた）の次

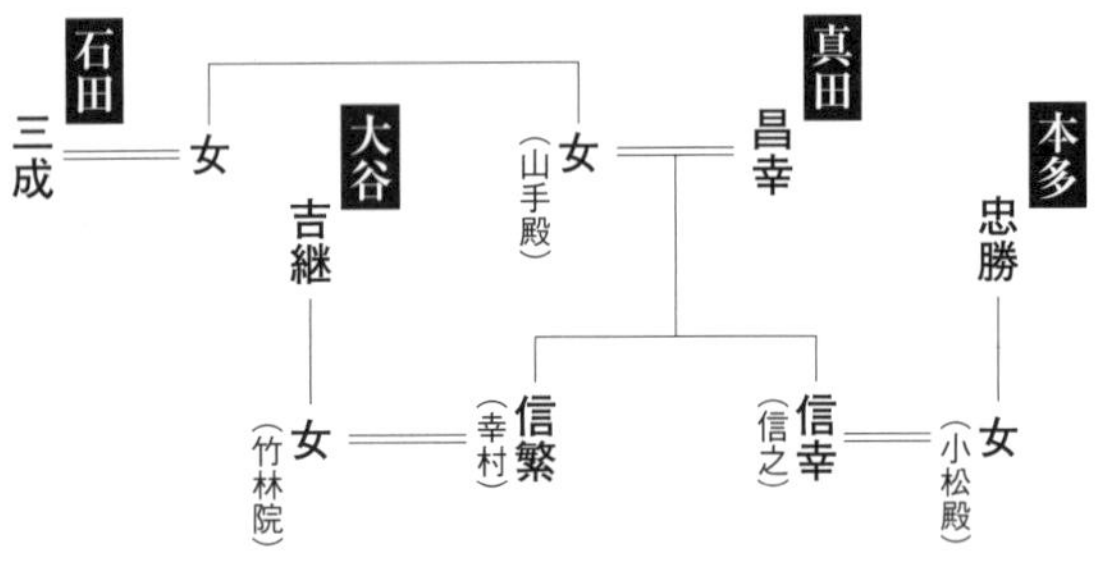


図1　真田系図

男として生まれました。母は正室の山手殿。彼女は江戸時代の史料だと菊亭《きくてい》晴季《はるすえ》の娘とありますが、菊亭（今出川《いまでがわ》）家は大臣に昇る名門。いくら何でもそんなお嬢さんは田舎武士の嫁には来ません。地方武士の宇《う》多《だ》頼忠《よりただ》の娘というのが正解。ただ、面白い縁で、彼女の妹は石田三成の妻になってる。昌幸と三成は相聟《あいむこ》、義兄弟だったわけです。

真田氏は信濃国小県郡《しなののくにちいさがたぐん》出身の地方豪族。武田家に仕え、昌幸は信玄の側近でした。長篠の戦いで兄たちが戦死すると、跡取りになります。武田家が滅亡すると、彼はさまざまに主家を変え、やがて独立。石高はよく分かりませんけれども、信濃の上田領と上野《こうずけ》の沼田領を合わせて、七、八万石くらいでしょうか。

信繁は真田家の帰属につれて、上杉景勝《かげかつ》の人質になったり、秀吉のところに行ったり。真田の嫡男は兄の信幸（のち信之）で、弟の彼は人質要員だったのです。なお、秀吉のもとにいたころに、大谷吉継《おおたによしつぐ》の娘を正室としています。

## 真田幸村の生涯・その2　家族で敵味方に

関ヶ原の戦いが始まり、石田三成の挙兵が知らされると、真田家は下野国《しもつけのくに》の犬伏《いぬぶし》（栃木県佐野市）で東軍につくか、西軍につくかと話し合います。信幸は本多忠勝《ほんだただかつ》の娘を妻としていることもあり、徳川家に味方したい。これに対して昌幸は西軍につくことを主張する。話し合いはまとまらず、信幸は東軍に。昌幸は居城の上田城に。信繁は父とともに徳川軍を迎え撃ちました。

東軍のうち、徳川秀忠《ひでただ》率いる三万八千の大軍は中山道を進軍し、上田城を囲みました。真田勢はよく戦って、秀忠勢を何度もはね返しました。家康から早期の進軍を命じられた秀忠はついに攻略を諦め、幾ばくかの兵を残して関ヶ原へと急いだのです（結局、戦いに間に合わず、秀忠は家康から叱責された）。

関ヶ原の戦いは西軍の敗北に終わりました。昌幸と信繁は、本来なら死罪を命じられるところでしたが、信幸とその舅である本多忠勝の取り成しで紀伊国九度山《きいのくにくどやま》に配流《はいる》されるにとどまりました。信幸は上田九万五千石を与えられます（名前を信之と改める。のち松代《まつしろ》十三万石に）。昌幸は蟄居《ちっきょ》中の慶長《けいちょう》十六（一六一一）年に身の不遇を嘆きつつ死去します。翌年に信繁は出家し、好白《こうはく》と名乗りました。

以上が大坂の陣以前の信繁の足跡です。史料は全く残っていないし、あまり特別なことはありそうにない。というのは、父の存命中は、彼はあくまでも「昌幸の次男」であって、人生の選択権がなかったのです。信繁がどうした、彼がこうした、ということがない。自分の人生の主人公になれていないわけです。

となると、ぼくの力量ではこの辺りを掘り下げ、面白く書くことは難しい。そこで良い本を紹介しましょう。

平山優『真田三代』（ＰＨＰ新書、二〇一一）

渡邊大門『大坂落城　戦国終焉の舞台』（角川選書、二〇一二）

この二冊。信繁と真田家のことが的確にまとめられています。お薦めです。

## 真田幸村の生涯・その3　大坂の陣での大活躍

やがて慶長十九（一六一四）年十月に豊臣家が江戸幕府と戦う大坂の陣が始まると、信繁は大坂城に入城します。彼はここで初めて、自分の意思で行動することになり、しかも大活躍するのです。

豊臣方は全国の浪人をかき集め、総兵力は約十万。烏合の衆ではありましたが、この大軍が大坂城に集結し、二十万を数える幕府軍を迎え撃ちました（大坂冬の陣）。秀吉が築いた難攻不落の大坂城にも弱点がありました。三の丸南側、平野口の外側です。信繁はここに真田丸と呼ばれる土作りの出城を築き、立て籠もりました。十一月、実戦が開始されます。攻め寄せてくる徳川勢に真田隊は鉄砲隊で応戦し、大打撃を与えました。この戦闘で信繁は、初めてその武名を天下にとどろかせたのでした。

大坂城には五人衆と呼ばれる武将がいた、とよくいいます。真田信繁、毛利《もうり》勝永《かつなが》、長宗我部《ちょうそかべ》盛親《もりちか》。元大名の三人に、高名な侍大将である後藤《ごとう》基次《もとつぐ》（又兵衛《またべえ》）、明石《あかし》全登《てるずみ》の二人を加えて五人衆。でも、これのネタ本である『異説落穂集《いせつおちぼしゅう》』は江戸時代中期の

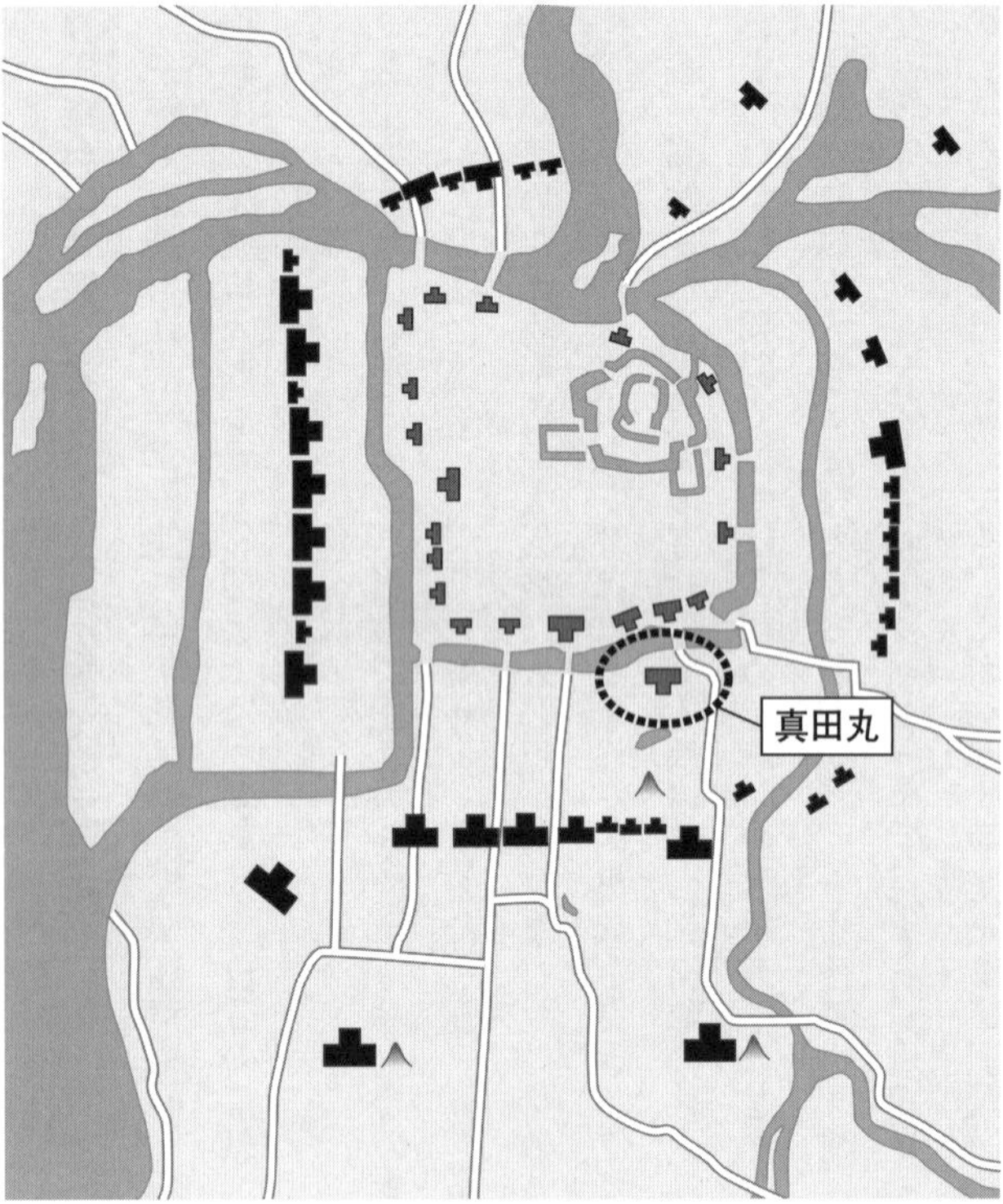


図2　大坂冬の陣

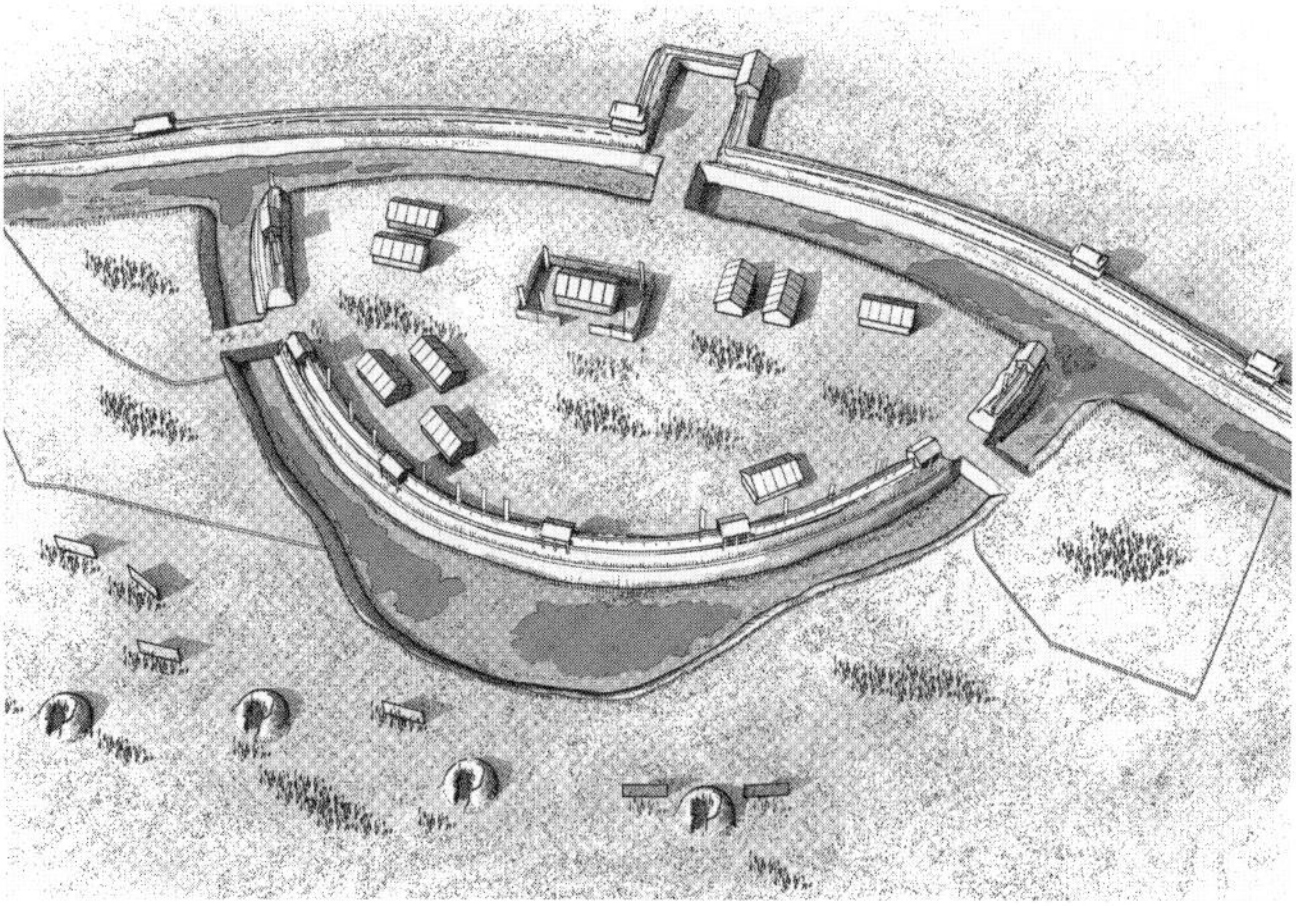

図3　真田丸

物語なので、あまり信用ができません。

だいたい、信繁は大名ではない。大名だった父の昌幸の庶子（跡取りではない子ども）にすぎません。ゆくゆくは兄の信幸に家臣として仕える立場でしたから、格からいえば又兵衛たちと同じ。しかも調べてみると、大坂城には大名の子や孫が他にも入城しているのです。なぜその中で、信繁だけが注目されたのか。

それはおそらく、真田丸での活躍が際立っていたからでしょう。それで大坂城にいた多くの浪人たちも、信繁の手腕を認めた。そのことが大坂夏の陣における真田隊の奮戦の、大事な素地としてあったのです。

## 真田幸村の生涯・その4　庶民のヒーローに

徳川方は大坂城を攻めあぐね、十二月二十日、いったん講和を結びます。その内容ですが、豊臣家側の条件として

○本丸を残して二の丸、三の丸を破壊し、外堀を埋めること
○淀殿を人質としない代わりに大野治長《おおのはるなが》、織田有楽斎《おだうらくさい》より人質を出すこと
　徳川家はこれに対して
○秀頼の身の安全と本領の安堵
○城中諸士についての不問
　を約束しました。このあと徳川方は二の丸、三の丸の破壊、堀の埋め立てを迅速、かつ徹底的に進めました。真田丸も取り壊されてしまいました。

大坂城の防御機能を削いでおいて、家康は慶長二十（一六一五）年五月、再び戦いを始めました（大坂夏の陣）。それに至る経緯としては、幕府側が大坂方に対し、浪

人の解雇か豊臣家の移封を要求。大坂方がこれを拒絶、といった展開がありますが、それはもはや茶番でしょう。家康はもう、開戦の理由などどうでもよい。何しろ大坂城を落とし、豊臣家を滅ぼしたかったのです。

大坂城は本丸のみ。堀もない。こうなると、大坂方は城から打って出るしかありません。五月六日、大坂勢は大和路から大坂城に向かう幕府軍、河内路から大坂城に向かう徳川本軍をそれぞれ迎え撃ちました。前者が道明寺《どうみょうじ》の戦いで、信繁はこれに参加しています。後者は八尾《やお》・若江《わかえ》の戦い。両方とも大坂勢は敗北し、大坂城に退却しました。道明寺では後藤基次が、若江では木村重成《きむらしげなり》が戦死しています。

五月七日、大坂勢は最後の戦いに打って出ます。信繁は赤の具足で武装を統一した真田隊（三千とも五千とも）を率いて家康の本隊に突撃。あわやというところまで家康を追い詰めました。けれどもあと一歩で力尽き、討たれたのでした。その日の深夜、大坂城は落ち、淀殿と豊臣秀頼は翌日自害しました。

圧倒的な数を誇る徳川勢に立ち向かう信繁の姿は、まさに感動的です。江戸時代の庶民も、そのストーリーに夢中になりました。そこには「お上」＝徳川家への反骨があるし、京や大坂などの上方の町人にすれば、東国の田舎者なんぞに負けてたまるかという思いもある。ともあれ、信繁は庶民のヒーローになり、名も幸村と変わったのでした。「幸村の物語」はどういうふうに成立したか。そのあたりの事情を委《くわ》しく解き明かした名著がこれです。

高橋圭一『大坂城の男たち――近世実録が描く英雄像』（岩波書店、二〇一一）

**本書の構成――ここだけは是非、読んでください――**

彼我の戦力を冷静に眺めてみれば、勝利は到底おぼつかない。それでも力の限りに奮闘し、敵わぬまでも、あと一歩のところまで強敵を追い詰める。その姿と振る舞いが、人々を虜にした。それで、猿飛佐助《さるとびさすけ》や霧隠才蔵《きりがくれさいぞう》などの真田十勇士の話も作られる。根っこには日本人の判官贔屓《ほうがんびいき》があるのでしょう。子どものころのぼくも例外ではなく、幸村が大好きだったのです。

そうか！　信繁の、いや幸村の「かっこよさ」こそは分析の対象としてふさわしいな。それは一言でいえば、「滅びの美学」であることは疑いない。でも、それだけではつまらない。もう少しきちんと、考えてみよう。

幸村はどうしてあんなにかっこいいか、そこに焦点を絞ろう。幸村の魅力を説明することを本書の役目にしよう。本書を執筆するに当たって、ぼくはそう思い立ちました。そこで、次のような構成を考えてみたのです。

第一章と第二章では、関ヶ原の戦いを改めて分析します。大坂の陣を説明するためには、関ヶ原の戦いから始めなくてはなりません。Aを説明するためにはBから始めなくては、というのは歴史叙述の常套手段なのですが、関ヶ原と大坂の陣の因果関係は他とは意味合いが違います。というのは、委しくは後述しますが、ぼくは大坂の陣にそれほどの歴史的意義を認めていないのです。

合戦、戦争というのは、あたりまえですが、甲と乙が戦う。甲と乙は双方が命がけ。だからどちらにも勝ち目がある。それが本来の姿です。でも、大坂の陣で豊臣方が勝つ事態はあり得なかった。ぼくはそう推測します。それどころか、一局面・部分的な勝利を交渉要素として、たとえば豊臣家の存続だけは許可してもらう。そうした可能性もなかったと考える。

これも後述しますが、関ヶ原から大坂の陣までは、徳川家康と豊臣秀頼、天下人が二人いたとする学説があります。この考えに従えば、大坂方にも勝つ可能性はもちろんあったでしょう。でも、ぼくはその説には反対です。大坂城は落ちるべくして落ち、豊臣家は滅ぶべくして滅びた。その破滅を忌避できた可能性をいうには、関ヶ原まで遡らなければならない。その意味で、大坂の陣を考察の場とする本書は、関ヶ原の意義を捉え直すのです。

第三章と第四章は、天下人・徳川家康を人間として捉え、考えてみます。歴史的人間の人物像を掘り下げる、という視点は、本来の歴史学とは無縁のものです。それは学問研究としては文学の領域に属する行為であり、あるいはもっぱら、小説やドラマの仕事なのです。ですが次の項（29ページから）で述べることをもととして、本書では人間・家康に少しでも近づいてみたい。「幸村の物語」でにっくき敵役を演じるラス・ボスは、どんな内実を有する人物だったのでしょう。

第五章から第七章までは、大坂城に入城した、いわば幸村の仲間たちを紹介します。「幸村の物語」では語られない彼らは、さまざまな事情を抱えていました。ここで決定的な役割を果たしているのが、やはり関ヶ原の戦いなのです。関ヶ原での敗者は復活を許されず、浪人として苦難の人生を歩んでいた。彼らは人生の一発逆転を賭けて、あるいは死に場所を求めて、大坂城にやってくる。そうした人物を紹介することにより、この時代、この時期の空気を感じてもらいたいと思います。

第八章は番外編で、大坂城の女たち。大坂城にはたくさんの女性たちがいた。武家の女性が大坂城と、また戦いとどう関わっていたのか。その足跡を追ってみたいと思います。

そしていよいよ第九章が幸村のかっこよさ。これまでの叙述を踏まえて、幸村の何がそんなに魅力的で、何が人をひきつけるのかを考えたいと思います。

## 歴史的人間の分かりにくさ、面倒くささ

かつて、作家の今東光《こんとうこう》（一八九八〜一九七七）が平将門のころの武士を評して、「この当時の武士は、談笑している最中に『おぬし、どうも気に入らんな』と笑顔のままで相手を斬り殺してしまうような奴らだからね（今さん晩年の『歴史読本』での

対談か）」というようなことを話していて、それを読んだぼくは「そんなむちゃくちゃなことがあるものか」と納得できなかった記憶があります。

けれども、いろいろと見聞を広めてみると、今さんが言っていることは的確だったな、と感心します。第一章（37ページから）で記すように、鎌倉時代までの武士は、荒々しく、残酷な一面をもっていました。平気で人を殺す。女性や子どもも容赦なし。一方では、殺人を犯した武士を捕まえ、罰するシステムがない。だからそうした所業は野放しで、繰り返されていく。その中で、現代のぼくたちには理解しがたい感覚が醸成されるのではないでしょうか。

国立博物館のネットのページ「e国宝」に画像があるので見ていただきたいのですが、『東北院職人歌合絵巻《とうほくいんしょくにんうたあわせえまき》』（十四世紀成立で重要文化財）に「ばくち打ち」の情けない姿が描かれています。彼は大負けしたらしく、身ぐるみ剥がされている。衣服はもちろん、下帯まで取られてしまって、大事な玉が見え隠れしている。ところが彼は、烏帽子《えぼし》だけはしっかりとかぶっています。

当時の成人男性にとって、烏帽子がなくて髻《もとどり》（頭髪を束ねた「まげ」）を衆目にさらすことは、たいへんな恥だったのですね。性器を見られるのと同等か、それ以上の屈辱だった。だからくだんの「ばくち打ち」も、烏帽子だけはかぶっている。他の絵巻物を見てみると、寝ているとき、あるいは女性と交わっているときに、烏帽子をつけたままの成人男性の姿を確認できる。中世前期まで、大人は烏帽子を手放せなかったようです。

ではなぜ古代・中世人は、髻を見られるのを恥じたのか。頭頂部をさらすのをいやがったのか。ぼくにはさっぱり分からない。合理的な説明ができないのです。当時の人々の意識がそうだったのだから、仕方がない。そこには格別の理由はないんじゃないですか、くらいしかいえないのです。

## 意識の違いはどこから来るのだろう

同じようなことが「肉食」にもいえます。中世の人は肉を食べなかった、と説明される。魚は食べた。鳥は食べた。ウサギは鳥のあつかい（だから〜羽と数える）で食べた。でも、生きものの殺生を忌避する仏教の影響を受けて、牛や馬、豚（猪）や鹿や犬は食べなかったと考えられている。

　理屈からすると、これは奇妙なのです。武士は狩猟を嗜む。猪や鹿は獲物として狩る。その肉はどうしたか。普通に考えれば食べるでしょう？　一度食べたら味をしめて、また食べたくなるでしょう。加えて日本には厳しい宗教がない。仏教は影響力をもっていたけれども、イスラム教（豚を食べてはいけない）、ヒンズー教（牛を食べてはいけない）のようには強力でない。肉食が広まる要素はそろっています。

　でも、やはり肉は食べられなかったらしい。そう推論する根拠は骨です。墓から掘り出される人骨を調べてみると、仏教が伝わる以前、古墳時代の人間はそれなりに背が高い。ところが仏教伝来のころから日本人は小さくなり始め、江戸時代人がもっとも背が低い。それで肉食が解禁される明治になると、大きくなり出す。身長の変遷は、摂取するタンパク質と密接な連関をもつはずだから、やはり明治より前の日本人は、ふだん肉を食べなかったのだろう、と考えられます。

　では、なぜ食べなかったのか。これも髷と同じで、当時の人たちの意識がそうだった。そこには格別の理由はないんじゃないか、としかいえません。あるとするならば、やはり仏教の教えでしょう。日本の仏教は「ゆるい」ですけれど、殺生を嫌う仏教の考え方にならって、日本人は肉食から遠ざかっていったのではないでしょうか。

## 人間の登場 ――幸村はぼくたちと同じように感じ、考えていた?――

過去に生きた人々はどういう感覚をもっていたのか。また何を考えていたのか。それを正確に知ることは、このように難しいのです。彼らは、現代のぼくたちには思いもよらない行動をすることがある。

人間の感じ方・考え方を知るのは困難である。この前提に立ち、歴史的な人々を集団として把握するときに、それなりに有効だったのが唯物史観です。それは生産関係が人間を規定する、と説きます。おなかがすいたら人間は食べることを第一に考えるだろうし、ぎりぎりまで搾取されたら、追い詰められた従者は豊かな主人に反抗するだろう。精神性を抜きにして、生き物としての人間を想定して社会関係を見ていけば、それほどおかしな分析にはならない、と考えられます。

けれども、先に挙げた肉食の例が示すように、そうした人間の捉え方は万全ではないかもしれない。空腹を満たすのに肉を食するのはいかがなものか。仏様も「生きものを殺してはダメ」とおっしゃっているのだから、肉を捕食するくらいなら、多少空腹でも我慢しよう。日本人の多くが、そう考えていた可能性もあるわけです。

時代が下って武士が教養を獲得してくると、のちに「武士道」としてまとめられるような道徳性が姿を現してくる。武士らしく生きるとはどういうことか、と一般の武士が考える。美しく生きる——たとえば主人への忠節を全うするとか、ただ長生きするより武士らしく戦場で散って名を残そうとか——ことを望む武士が登場してくるのは、確かです。

生産関係だけに規定されない、言い換えると「生産関係から自由な」精神性を備えた人間が登場してくる。そこでは精神の働きが行動に色濃く作用するから、歴史像の復元のためには、人格とか個性の探究が必要になってきます。

## 応仁の乱以後の人間は分かるような気がする

問題は、そうした精神性を備えた人間がいつごろ大量に現れてくるかですが、ぼくは長年歴史を学んできた経験から、直感として（逆にいえば、確たる証拠がないわけです）、応仁の乱あたりかな、と思っている。応仁の乱が分水嶺になるのではないか。

戦前を代表する東洋史学者、内藤湖南《ないとうこなん》（一八六六〜一九三四）は、日本の歴史は応仁の乱の以前と以後とに二分できる、と説きました。「今日の日本を知る為に日本の歴史を研究するには、古代の歴史を研究する必要はほとんどありませぬ。応仁の乱以後の歴史を知つて居つたらそれで沢山です。それ以前の事は外国の歴史と同じ位にしか感ぜられませぬが、応仁の乱以後は我々の真の身体骨肉に直接ふれた歴史であつて、これを本当に知つて居れば、それで日本歴史は十分だと言つていいのであります」（大正十年八月の講演。『内藤湖南全集　第九巻』〔筑摩書房〕に所収）。

応仁の乱後の人間は、ぼくたちと同じ身体感覚をもっていたのではないか。そう湖南は説く。もちろんこれは一つの見解です。けれど、一世の大学者にそう言わしめるほど、応仁の乱の前と後で、人間が変わってくる。

この観点を、ぼくは幸村の考察に取り入れようと思います。それを本書の分析方法として採用したいと思います。たぶん幸村が感じていたことは、基本的にはぼくらも想像ができるだろう。もちろん、ぼくらが同じ行動を取るかどうか、取れるかどうかは別の問題として。

たとえば幸村は関ヶ原で西軍に味方したために紀州の九度山に蟄居させられた。三十四歳から四十八歳までの足かけ十五年間。行動の自由はない。自分を表現する機会もまるでない。これはまことに耐えがたい。私はこのままこの山で朽ちていくのだろうか。私はいまだ、武士として人として何も成していないではないか。私の人生とは、何だったのか。そんなことを思い詰め、彼が煩悶していたと想像することは、ぼくは歴史学的に（小説やドラマでなくても）「あり」だと思うのです。

前置きが長くなりすぎました。（少し長めの）はじめに、は以上です。ここで述べたことを踏まえて、さあ、「幸村のかっこよさ」を考えてみましょう。

# 第一章

# 関ヶ原を、改めて、考えてみよう

## 「将軍」を日本史学はどう捉えてきたのだろうか？

やっと分かりました！　ん、何が？　「関ヶ原の戦いの本質」が！　あなた歴史研究者でしょ。今さら、どういうこと？　いやあ、分かったような気がしていただけ、だったんです、実は。分かっているようで、一番大事なことが分かっていなかった。改めて書いてみると、何だそんなことか、かもしれません。でも、ぼくにとってはコロンブスの卵。ようやく腹にストンと落ちたんです。ですから、とりあえず、説明させてください。

さて唐突ですが、「日本史の特色」というと、どういったことを想起されますか？　世界史と比較しながら答えてください。

もしもそんな問いがあったら、まずは何といっても、万世一系の天皇の超越。それから次に、ぼくならば、幕府の存在を挙げたい。鎌倉時代から江戸時代まで七百年のあいだ、日本には軍事政権、言い換えれば武家王権として「将軍権力」があった。天皇の権威はありつつも、「戦う王さま」が列島を支配していたわけです。

では、将軍とは何でしょう。いったいそれは、どういう性格のものですか。端的かつ正確に教えてください。

そう質問されると、たいていの研究者は困惑する。毎度のことですが、(ぼくを含めた)力ない研究者は、物事をつきつめて考えられない。だから説明は冗長になり、話せば話すほど、どんどん的を外れていってしまう。

そんな中で、快刀乱麻を断つ如く、鮮やかな解答を提示した人がいました。ぼくの先生、石井進のそのまた先生、佐藤進一です。佐藤は室町幕府の初期段階における、足利尊氏《あしかがたかうじ》と直義《ただよし》の兄弟に着目しました。

室町幕府の初代将軍は足利尊氏。高校までの日本史では、確かにそう学習した。でもそれに加えて、同母の弟である直義の働きが重要だった。二人は「両大将」だとか、「尊氏は将軍、直義は副将軍」と呼ばれ、助け合って将軍権力を創出し、維持していました。いわゆる二頭政治が展開されたのです。

## 将軍の権力は二つの要素から成り立つ？

二人の働きを分析してみましょう。尊氏は全国の武士を従えていました。京都では侍所《さむらいどころ》、地方では各国の守護《しゅご》を通じて武士を束ね、全国の武士の主人、「武家の棟梁」として君臨しました。尊氏は彼らを率いて戦う。つまり「軍事」を担っていました。武士たちは命がけで戦い、その見返りとして恩賞を授かった。恩賞とは土地の権利です。自分の領地の領有権を、将軍に認めてもらうのが「本領安堵《ほんりようあんど》」。功績に応じて、新しい土地を頂戴するのが「新恩給与《しんおんきゆうよ》」。

一方の直義は、「政治」を担当しました。鎌倉幕府以来の政治組織である評定《ひようじよう》や引付《ひきつけ》を指揮して、行政、それに司法を進めました。朝廷や荘園領主（貴族や大寺社など）との交渉も、直義の職務のうちでした。過去の栄華にしがみつく伝統勢力との折衝は困難でしたが、勤勉で公正な直義の執務ぶりはだれからも賞賛され、信頼されていました。

「軍事」と「政治」。尊氏と直義の権限分割を明らかにしたうえで、佐藤は指摘します。将軍権力は二つの要素から成り立っているのだ、と。

一つは「主従制的支配権」です。全国の武士を家来として従える。主従関係のうちに取り込む。土地を「御恩」として与え、その代償として「奉公」を要求する。戦場において、命をかけて敵と戦うことを望むのです。奉公は、非常時には戦闘への参加というかたちを取りますが、平常時では将軍・天皇の警護や、現在の警察機能の遂行など、平和を守り、治安を維持する活動として表現されます。

もう一つは「統治権的支配権」です。時局に対応する法を作り、人々に布告する。定期的な（あるいは臨時の）税を徴収し、適正な運用を試みる。御家人・貴族・寺社勢力などの利害を調整し、公平な裁判を行う。全国の武士のみならず、民衆（当時は彼らを指し示すのに「土民」、ということばを用いた）までを視野に入れ、彼らの生活を守る。

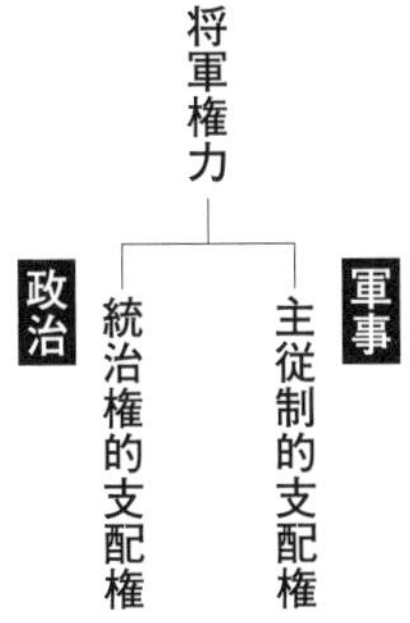

**図4　将軍権力の要素**

将軍権力は主従制的支配権と統治権的支配権の二つから構成されるものであり、七百年の長きにわたり、日本の武士の世を支えていた。これが佐藤の学説であり、中世政治史を学習する者ならば誰もが知る定説です。ただ、ぼくは命知らずにも、それを批判するわけです。この論に問題がないわけではない。それは時間との関わりである、と。

## 将軍権力の定説に挑戦してみよう

尊氏・直義兄弟の時期には、確かに二つの権限は並び立っていました。その後、二つは二代将軍義詮《よしあきら》の代で、一人の人格のもとにまとめられていきます。義詮は争乱が静まらぬうちに世を去りますが、三代義満《よしみつ》は将軍権力すなわち武家王権の拡充に努め、その成果として南北朝の合一・日明貿易の開始が実現したのです。これらは将軍権力が天皇すらを凌駕し、義満が「日本国王源道義」として再誕することにより可能になりました。まさに国家的一大事だったのです。

では、尊氏・直義以降はそれでよいとして、以前はどうなのか。多くの研究者は、将軍に実権がある（源頼朝・頼家・実朝。源氏三代の将軍）にせよ、傀儡《かいらい》である（そ

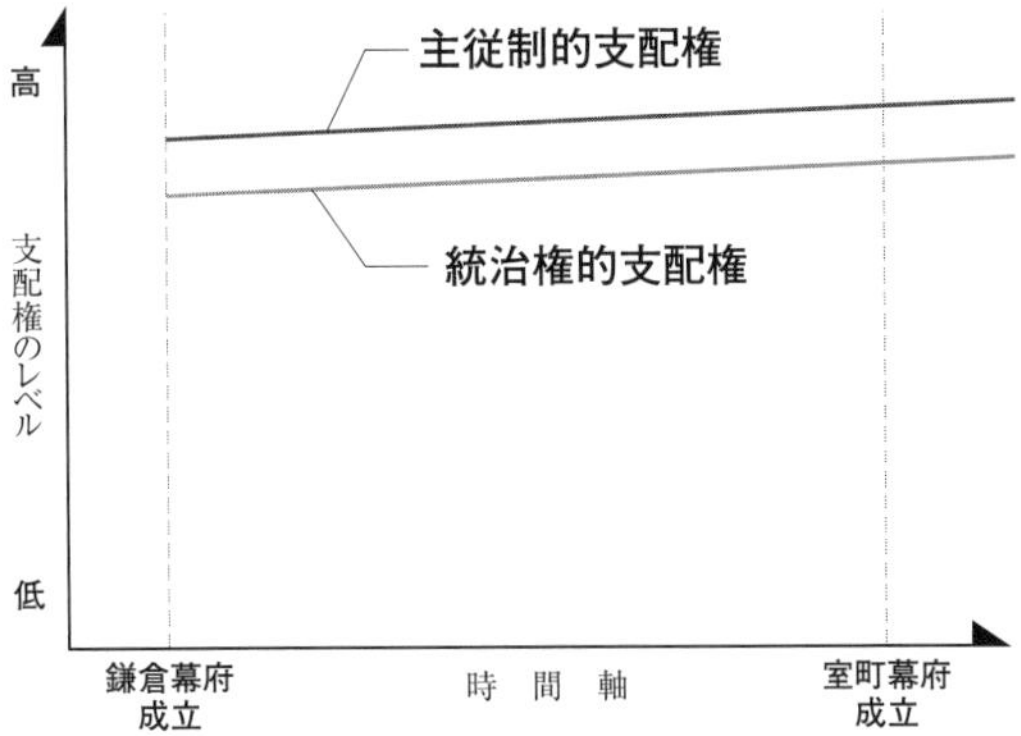


**図5　従来の説**

れ以後の将軍たち。摂関家と皇室に出自をもつ）にせよ、二つの権限が並立していたと想定し、疑いをもちません。おおまかに図示すると、【図5】のような理解がなされているのです。けれども、こうした状況に対し、わたしは疑問をもっています。将軍権力が誕生したとき、直ちに高度な統治が成立したとは、考えられないからです。

委しく述べる紙幅の余裕はありませんが、ぼくは源平の合戦とは、武士たちの独立戦争だと定義しています。通常いわれているような、復讐に燃える源氏と、権力にしがみつきたい平氏の因縁の戦い、ではない。利益を代弁してくれる者をもたなかった武士が、自分たちの王を推し立てる戦いであった。武士たちは自らの願い（その代表は、先述した「本領安堵」と「新恩給与」）を叶えてくれる存在として、将軍権力を創出し、源頼朝を王に選んだ。それゆえに、幕府とは、「武士の武士による武士のための政権」と定義できる。

源頼朝の段階で、将軍の統治はたしかに武士たちには及んでいます。けれども、それが土民を十分に捕捉しているとはいえない。むろん、武士たちはそれぞれの土地に生きる領主（在地領主と呼びます）として、土民との関わりをもっていました。彼らのうちには国衙《こくが》（現在の県庁）への政治参加をきっかけとして、地方行政に携わる者もありました。彼ら一人一人が成長し、自分の土地を統治する存在になったなら、【図5】の理解も説得力をもつでしょう。

## 武士だって「進歩」してきた

けれども、現在に伝えられる史料は、その想定に強く反対するのです。一つは武士のもつ、理解しがたいほどの残酷さです。ある絵巻（『男衾三郎絵詞《おぶすまさぶろうえことば》』）の中で、男衾三郎という上級武士は「館の前を通りかかる修行者たちを捕まえろ。庭に生首（捕まった修行者たちのなれの果てか）を絶やすな。斬って斬って斬りまくれ」と指示しています。結城宗広《ゆうきむねひろ》（後醍醐《ごだいご》天皇の忠臣だったから、戦前は神として祀られた武人）は、生首を見ないと調子が悪いから、と僧俗男女を問わず殺害しました（『太平記』）。すべての武士が粗暴だったわけではないでしょうが、彼らが土民のより良い生活を熟慮している、などという様子は、にわかには想像しがたいのです。

もう一つは、武士の教養です。貴族の日記を見ると、十歳にもなるとみごとな字を書き、和風漢文の文章を記します。子どものときから、家でしっかり勉強しているのです。これに対して、武士は漢字が書けません。その証拠は譲状《ゆずりじょう》です。彼らにとって何より大事なのは土地であり、その土地をだれに譲るかは、一番の関心事になります。ところがそれを書き記した文書、譲状は、みな仮名で書いてある。

当時の成人男性は、正式な場面では漢字の文章を書く。和風で、ですが漢文を用いる、というのが決まりです。漢字も仮名も書けるけれども、仮名を選択する、という

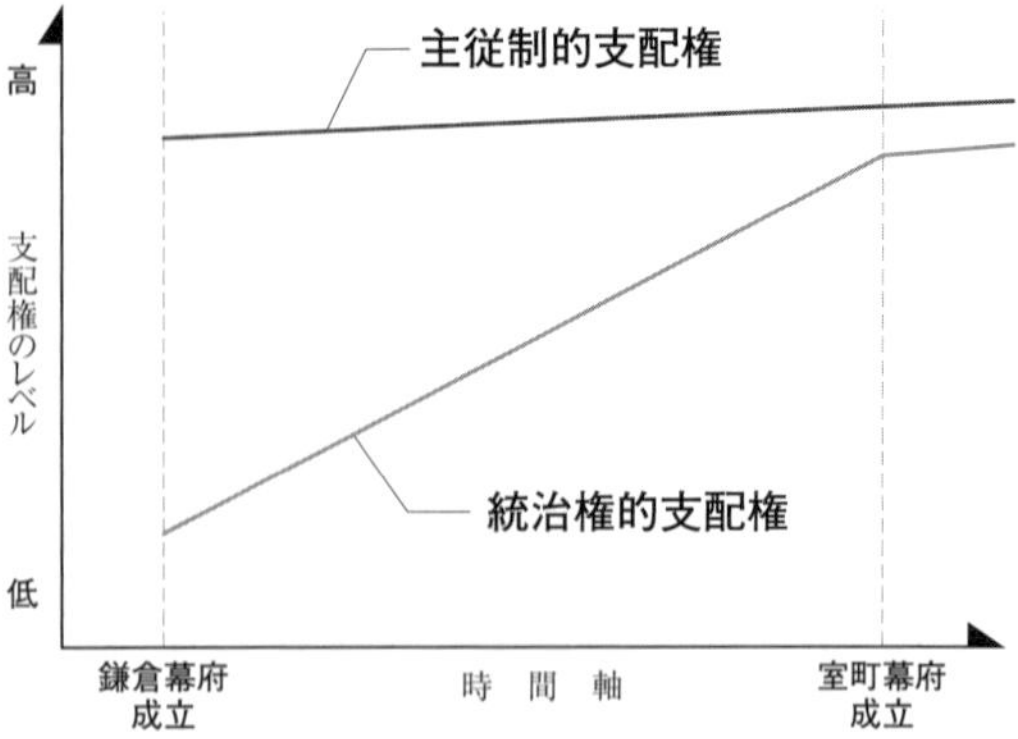


図6　提示したい説

ことはありません。武士は漢字が書けない。だから大事な文書を仮名でしか書けない。教養の面で、貴族と武士には大きな差があります。これでは武士は、土民の統治に真摯に取り組むことなど、できようはずもない。

この意味から、私は【図6】を提示したいのです。初め、武士たちは統治権を効率よく行使することができなかった。彼らの長たる将軍は、あくまでも「戦う人」、武人として出発した。彼は競争者を、武力を用いて、打ち倒す人なのです。民を愛したり、より良い方向へ導いたりするような意志もなければ、技術ももっていません。

でも、時間の推移とともに、武士は「統

治」を学んでいきます。そのプロセスは詳述しませんが、あるときは仏教から民を大事にする精神を学ぶ。またあるときは天皇・朝廷から、民を治める方法を学ぶ。そうやって武士が学び、進歩した成果として、将軍は世を治める人として機能するようになる。南北朝時代、足利尊氏・直義が活躍するころになると、「統治権的支配権」は「主従制的支配権」と同じレベルに到達する。車の両輪を形成するまでになるのです。

## 名目（タテマエ）でなく中味（ホンネ）で将軍権力を語る

今さらですが、ここで述べている「将軍」とは、朝廷が任命する「征夷大将軍」と同義ではありません。そうではなくて、武士のリーダー・武家の棟梁・第一人者のことです。名目はどうでもいい。大事なのは中味です。実質がなければダメなのです。

源頼朝とか足利尊氏は、武家の棟梁で、征夷大将軍に任命されていた。けれども、たとえば鎌倉幕府の第六〜九代の将軍たち。彼ら（親王が就任したので、親王将軍と呼びます）は征夷大将軍には任命されましたが、実権はなかった。武士たちを束ねていたのは、執権を務めた北条氏です。将軍を傀儡として、執権・北条氏が武士のリーダーを務めていた。

いや、この言い方ですら、正確ではありません。実権を握っていたのは北条本家の惣領《そうりょう》です。北条政子《まさこ》の弟、北条義時《よしとき》の嫡流が北条本家。その本家（得宗家《とくそうけ》といいます）の当主は、執権の座を他者（ただし北条一族に限る）に譲っても、権力を握り続けた。天皇家の家長が皇位を降りても上皇として政治を行ったのと同様です。彼らの権力を正統づけるのは、万世一系の天皇と同じく、北条本家の血脈です。世襲の原理です。彼らは将軍をさしおき、ときとして（北条氏の分家の人間が執権である場合は）執権をもさしおいて、武士のリーダーだったのです。

## ホンネの権力は将軍から天下人へ

なぜ鎌倉時代の面倒くさい話をするかといえば、ぼくは織田信長、豊臣秀吉は将軍権力を振るっていたのだ、といいたいのです。信長も秀吉も、征夷大将軍になったわけではありません。けれども彼らは、武家の第一人者だった。武士のリーダーだった。当時の言い方を用いるならば「天下人」だった。だから「主従制的支配権」と「統治権的支配権」を行使したのです。

このあたりのことは、本当はじっくり検討しなければいけません。研究者によって、考え方が違う。けれども、ここでは余裕がないのでざっくりいうと、安土城に拠点を据えた時点での信長は、ぼくは「天下布武」（天下が畿内を指すのか、日本全体を指すのかでも意見が割れます）を成し遂げようとしている「天下人」、と呼んで差し支えないと思います。信長が日本を統一するのは時間の問題であった。その覇権は、嫡子の信忠《のぶただ》が継承し、その後も織田家が世襲するはずだった。

ところが信長は明智光秀の謀反にあい、本能寺に斃《たお》れます。信忠も父のあとを追って二条城で自害し、織田家は正統的な後継者を失う。そのタイミングにつけこむように（信忠が生き延びていたら異なる展開があったかどうかも、研究者の意見は割れるに相違ありません）、織田家から「天下を奪った」のが秀吉です。光秀を討ち、織田家第一の宿老・柴田勝家を滅ぼした実績に対し、刃向かえる者はいなかった。秀吉は実力を誇示することによって、新たな「天下人」になったのです。

## 秀吉のあとの天下人は秀頼のはずだが

さて、そうすると。秀吉が没したときに、「天下人」の座についたのはだれだったか。ここではやはり、世襲の原理が強く働き、秀吉の唯一の子・秀頼イコール天下人、と考えるべきでしょう。秀頼は秀吉の胤《たね》ではなかった、とする研究もありますが、政治史の観点からすると、それはどうでもよいことです。

生物学的に秀吉のDNAを受け継いでいようがいまいが、秀吉自身が後継指名をしたかどうか。それが重要。秀吉が「彼が次の天下人」と指名し、世襲の原理がそれを後押ししたのですから、秀頼が次の天下人であった点は疑いのないところ。

ただ、不確定な要素はさまざまにありました。時間がなかったために、豊臣政権がシステムとして完成していなかったこと。朝鮮出兵という大失態があって、大名たちの心が豊臣政権から離れていたこと。そして何より、秀吉と比肩する実績をもつ、徳川家康という実力者がいたこと。

家康はいつから天下人を目指していたのか、正確なところは分かりません。少なくとも本能寺の変直後は、彼は体力を付けることに専念していた。でも小牧《こまき》・長久手《ながくて》の戦いで軍事的に秀吉に負けなかった辺りから、「次の天下」を見ていたのかもしれません。とりあえずは秀吉に膝を屈する。けれど隙があれば今度こそ、と。

小田原・北条氏が滅亡し日本が統一されたときには、明らかに天下を見据えて、じっくり実力を蓄えることを意図していた。そうした思いがなければ、唯々諾々として関東に移れなかったでしょう（家康は東海地方の本拠を奪われ、「田舎・辺境」と目されていた関東に放り出された）。さらに朝鮮出兵の愚挙を目の当たりにしたときに、天下への思いは確固たるものになったのではないでしょうか。

# 第二章

# 関ヶ原の敗者は豊臣秀頼である

## 豊臣政権下の家康　五大老の一人として

家康は豊臣政権の五大老筆頭でした。大店《おおだな》・豊臣屋の大番頭だったわけです。ところが慶長三（一五九八）年八月に主人の秀吉が没すると、この大番頭は従来の「律儀もの」の仮面を脱ぎ捨て、したい放題に振る舞うようになります。政権の方針を変更したり、大名たちとの縁組みを推し進めたり。そのために同じく大番頭（五大老）であった前田利家が強く反発。家康がいた伏見《ふしみ》と、利家がいた大坂のあいだで武力衝突が起きようとしました。

興味深いのは、このとき諸将が、続々と両陣営に馳せ参じたことです。だいたいの色分けとしては、関ヶ原時の東軍諸将は家康に、西軍諸将は利家に味方しているのですが、加藤清正《かとうきよまさ》・細川忠興《ほそかわただおき》・加藤嘉明《かとうよしあき》・浅野幸長《あさのよしなが》らは前田陣営に属している。利家の声望の高さがうかがえます。

ただし、家康が慎重に行動することを約束して、戦いは回避されました。しかも家康にとって好都合なことに、かろうじて彼に対抗できた唯一の実力者である利家は、慶長四（一五九九）年の閏《うるう》三月に病没してしまうのです。

これを好機とみた家康は、利家を継いだ前田利長《としなが》の謀反を言い立て、前田家の討伐を画策します。第七章148ページでふれますが、利長は家康に服従する姿勢を見せ、実母であるおまつを人質として江戸へ送ります。前田家は、徳川家に対し、臣下の礼をとったともいえます。

さて、話を少し元に戻して。前田家が本拠とする加賀《かが》の隣国・越前《えちぜん》について、左のような文書が出ています。

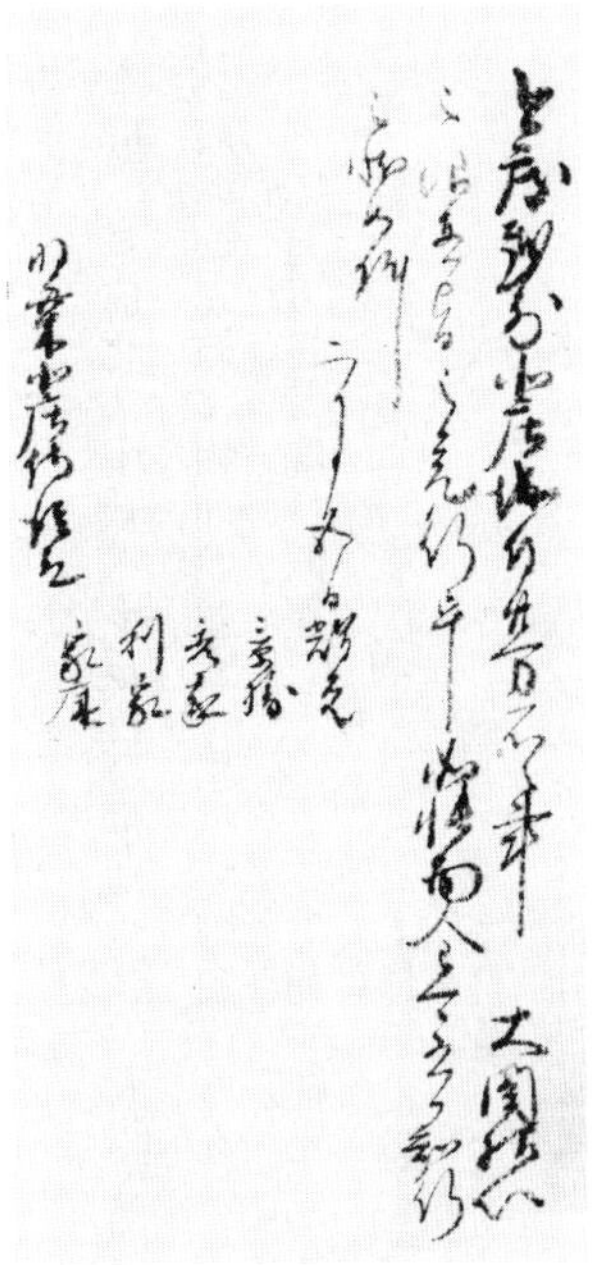

図7　毛利家文書
（毛利博物館蔵）

今度、越前北ノ庄《きたのしょう》城二十万石の事につき、太閤様仰《おお》せ置かれるの旨をもって、宛《あ》て行《おこな》われおわんぬ。帳面の如く、すべて御知行あるべきの状、くだんの如し。

二月五日（慶長四年）

（毛利《もうり》）輝元《てるもと》

（上杉《うえすぎ》）景勝《かげかつ》

（宇喜多《うきた》）秀家《ひでいえ》

（前田）利家

（徳川）家康

（青木《あおき》一矩《かずのり》）

羽柴北庄侍従殿

（『毛利家文書』）

これは越前・北ノ庄八万石を領していた青木一矩（第六章131ページにも出てきます）の所領を二十万石に加増する、という通達です。大事なことは、この決定が亡き太閤様のご遺志であるとされている点。豊臣屋の大番頭たち五人の連名で出されているいることです。彼らは次の主人である秀頼の代理。ですから一矩に新しい領地を与え

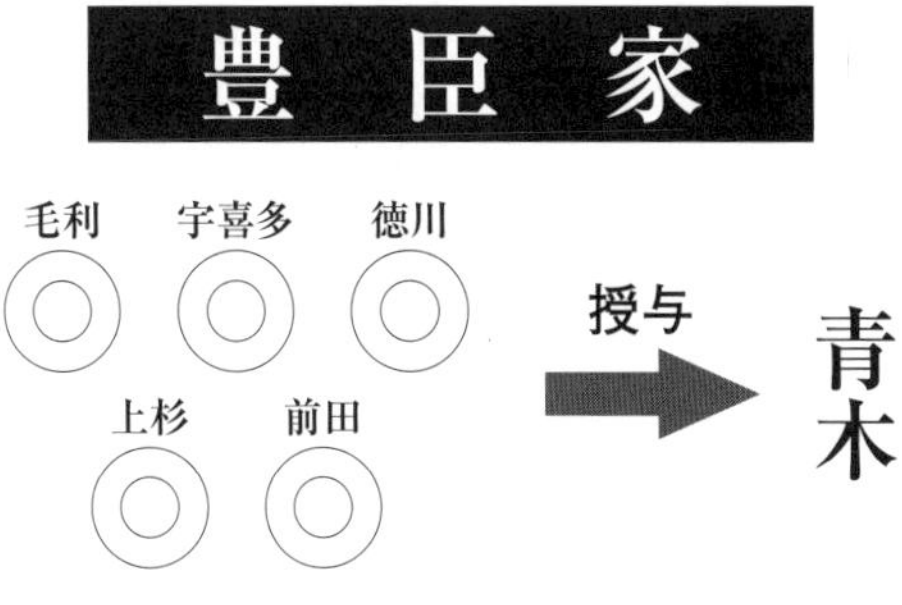


図8　豊臣家の秩序①

ているのは豊臣秀吉であり、秀頼なのです。この状態を図示してみると、【図8】になります。

家康は前田家の次に、会津の上杉家に狙いをつけました。今度は上杉景勝の謀反を言いつのり、ついに会津攻めを現実のものにしました。景勝の謀反は、だれが見ても「言いがかり」に近いものでした。大坂の陣の口実となった方広寺《ほうこうじ》の鐘銘《しょうめい》事件（第二章72ページ参照）に似ています。家康にとってみれば「言いがかりだろうと何だろうと、喜んでお供を致します」と彼のもとに駆けつける、親・徳川派の選別・編成が大事だったのです。彼らを引率した家康は、大坂を発ち、会津に向かいました。慶長五（一六〇〇）年六月のことでした。

前田がダメなら次は上杉。家康はなぜ、謀反人探しにこだわったのでしょう。それは戦争がしたかったから。だから謀反人は、大物である必要があった。ではなぜ戦争がしたかったのか。それは「豊臣家の秩序①」(【図8】の状態)を一挙に破壊したかったから。ヘラクレイトスが言うように、「戦いが王を作る」。非常のことをもってして混迷を作り、そこから新たな秩序を形成する。現に秀吉はそうやって、織田家から天下を奪った。家康はそれに倣ったのです。

## 家康の位相が戦いの中で変化する

家康がいない畿内で、石田三成は挙兵しました。七月十七日には長束正家《なつかまさいえ》・増田《ました》長盛《ながもり》・前田玄以《まえだげんい》、すなわち現役の奉行三名(五奉行のうち、浅野長政と石田三成は失脚中なので残った三人)で「内府ちがいの条々」を作成。家康が秀吉の命に背いていること、大老として不適格であること、を天下に訴えます。家康こそ定めに違反する者であるので、これを討たねばならない、と。

この状況を図示すると【図9】となる。もちろん「豊臣家の秩序」は不変です。豊

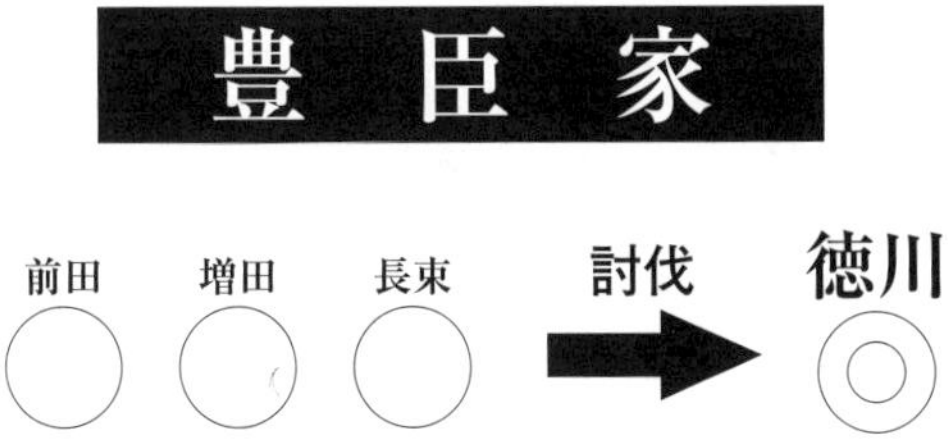


**図9　豊臣家の秩序②**

臣秀頼が天下人であることは揺るがない。問題は秀頼の代理として家康を討つ大将はだれか、ということ。これがかつては三成だといわれた。今は毛利輝元であると考えられている。それが「西軍の総帥は毛利輝元である」という表現であり、ぼくもそういって疑いをもちませんでした。

家康が諸将を率いて、上杉を討つ。そうではなくて、輝元が諸将を率いて、家康を討つ。三成は「今こそ、それを実行しよう」と主張します。いってみれば家康の上杉征伐と攻守ところを変えただけ。それが「三成から見た関ヶ原」なのです。

けれど、そうした事態を踏まえたときに、家康は次のような文書を出している。

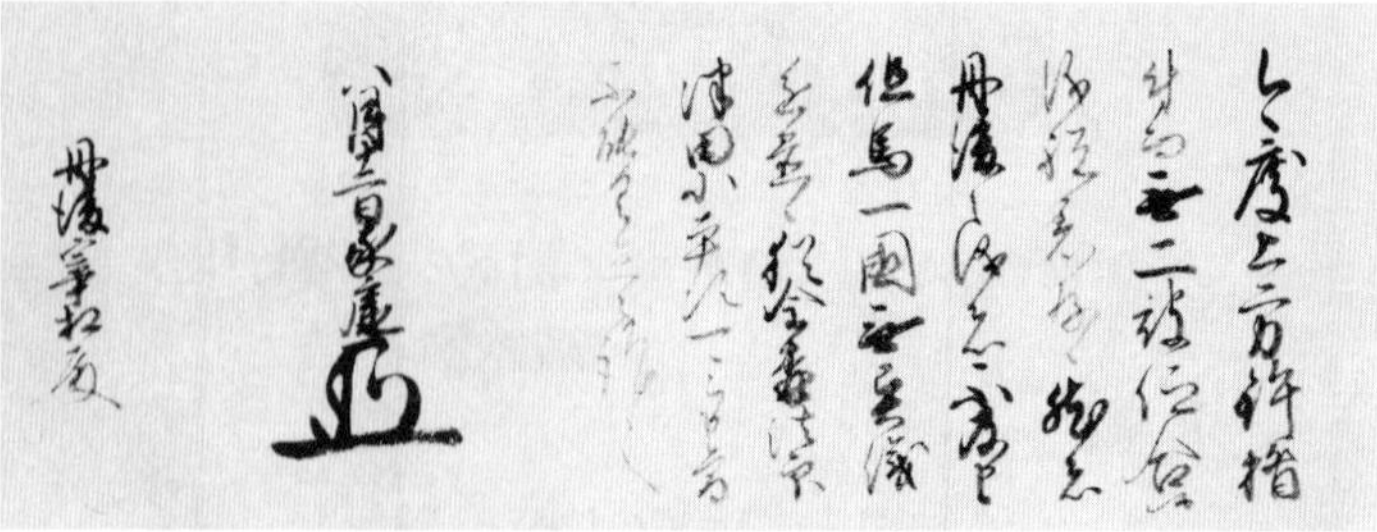

図10　細川家文書（永青文庫蔵）

今度上方鉾盾《ほこたて》に付いて、無二仰せ合わされ候儀、祝着《しゅうちゃく》に存じ候。しからば丹後《たんご》の儀は申すに及ばず候、但馬《たじま》一国、異儀なく進め置き候。なお金森法印《かなもりほういん》、津田《つだ》小平次《こへいじ》、申さるべく候間《そうろうあいだ》、つぶさに能《あた》わず候。恐々謹言。

八月十二日　　家康（花押）

丹後宰相殿

（このたび上方において戦いが始まりましたが、あなたは確かな味方となってくれました。たいへんにうれしいことです。そこで、あなたの本領である丹後はもちろん安堵しますし、但馬一国を間違いなく進上したいと思います。委しいことは金森法印と津田小平次が申し述べるでありましょうから、細々とは記しません。

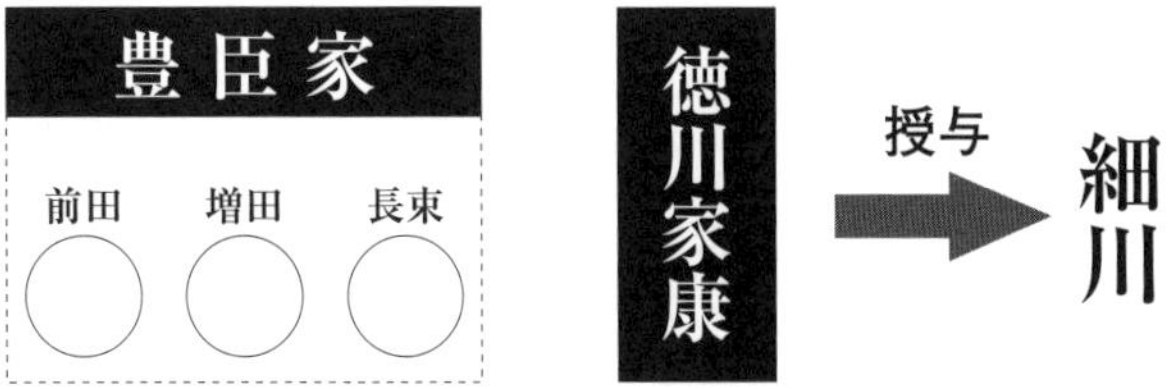


図11　豊臣家の秩序③

恐々謹言）

ここで家康は、細川忠興の本領・丹後を安堵したうえで、新しい土地、但馬を与えています。秀吉の名はどこにもない。家康の名前で、「本領の安堵」と、「新恩の給与」を遂行している。思い出してください。これこそは「主従制的支配権」の発露であり、武家の棟梁＝将軍がなすべき仕事だったはず。そういえば足利尊氏は、鎌倉で、自分の名で、土地を分け与え始めたときに、建武《けんむ》政権から「謀反人」のレッテルを貼られたのです。

家康はこの文書を発給している時点で、「私こそ新しい将軍だ、天下人だ」と言っているのです。豊臣家のもとでの大番頭・徳川ではない。豊臣家と同じ位相に位置し、雌雄を決しようとする徳川だ、と自任している【図11】。「内府ちがいの条々」を受け入れ、逆手に取り、私こそが天下人なのだ、私に従え、と天下に呼びかけているのです。

くどいですがもう一度言います。三成たちは「豊臣の天下は不変である。それを前提に、反逆者・徳川を討つ」と言う。家康は「私が主従制的支配権を行使する武家の棟梁だ。豊臣が勝つか、徳川が勝つか、勝負だ」と言うのです。

## 関ヶ原の戦いは家康VSだれ?

上方の動静は下野《しもつけ》まで進んだ家康の陣営に届けられ、七月二十四日、同国・小山で評定が開かれます。ここで福島正則《ふくしままさのり》・黒田長政《くろだながまさ》ら諸将が決断を迫られたのは、小説やドラマが描くように、石田三成と戦うか否かではないと思います。そんなレベルの話ではなく、「豊臣家の秩序」から離脱し、徳川家に従属するかどうか。家康を武門の唯一の棟梁と認め、その「主従制的支配権」に組み込まれるか否か、を尋ねられたのだと思うのです。

そのことは、みんなよく分かっていた。ただの暴れ者とされることもある福島（戦後の外交を分掌していることからも、それが誤ったイメージであることが分かる）だって十分に理解していた。だから真っ先に、「豊臣家の福島はもう終わりだ。おれはこれから、家康さまの家来だ」と宣言した（その褒賞として、後に毛利輝元の居城・広島を与えられた）。山内一豊《やまうちかずとよ》は自分の居城・掛川城を丸ごと家康に献上してみせて、「愛《う》い奴」と覚えがめでたかった（後に土佐一国を得た）。

家康への臣従を潔しとせずに小山陣営から立ち去ったのは真田昌幸と田丸直昌《たまるなおまさ》（美《み》濃《の》・岩村《いわむら》四万石）といわれますが、史実では二人とも小山にはいなかった（真田昌幸は下野の犬伏から帰国しているし、田丸は大坂にいた）。つまり一人の落伍者も出さず、家康は諸将を主従制的支配権のうちに包摂した、つまり家来にしたのです。

さて、このことを踏まえると。関ヶ原の戦いは、東軍・徳川家康と西軍・毛利輝元（もしくは石田三成）の戦い、ではありません。そう見せたいのは、あくまでも三成の側だけ。家康にしてみれば、「東軍・徳川家康と西軍・豊臣秀頼の戦い」なのです。

歴史に類型を求めるならば、従来の朝廷の支配に源頼朝が異議を申し立てたように、建武政権を足利尊氏が打倒したように、「豊臣家の秩序」に徳川家康が反逆し、戦いを挑んだのです。

## 戦いに勝利する条件とは何か?

そうなると、関ヶ原の戦いの意味するところが変わってくる。美濃・関ヶ原における大会戦(これを「関ヶ原の戦い」と呼ぶことにします)と、上杉征伐に始まり、三ヵ月以上続いたあの戦い全体(これを「関ヶ原の役」という言い方で表現します)とに分けて考えなければいけません。

関ヶ原の役における、毛利や石田の勝利条件は何でしょう。家康を討ち取れれば最上だけれど、家康はしぶとい。ならばそれが実現しなくても、ともかくもう一度、秀頼に対して、家康を従属させること。臣下の礼をとらせること。

では家康の勝利条件は? これは逆ですね。極端なことを言えば、毛利や石田はどうでもよいのです。大目的は豊臣秀頼を屈服させること。秀頼の生殺与奪の権を握ること。具体的には秀頼が居住する大坂城を占領することです。

大坂城を入手するために、東軍（その実体はすでに、家康とその従者たち）は進撃します。そのゴールは、ですから関ヶ原なんかではない。たとえば天皇がいる京都でもない。あくまでも大坂です。

石田たちはそれを食い止めねばならない。三成は初め、尾張《おわり》と三河《みかわ》の国境付近を決戦場と考えていたらしい。おそらく彼の脳裏には、敬愛する主人である秀吉が家康と戦った、小牧《こまき》・長久手《ながくて》の戦いがシミュレートされていたのでしょう。でもいくつかの誤算が重なり、戦場は関ヶ原になった。三成はここに防衛ラインを設け、家康たちを東へ追い返したい。家康は防衛ラインを突破し、畿内へなだれ込み、大坂への道を切り開きたい。守る三成。攻める家康。それが関ヶ原の戦いの基本軸です。

## 家康の勝利　新しい天下人の誕生

九月十五日、関ヶ原の戦いは、ご存じのように、東軍の圧勝に終わりました。西軍は命令系統が寸断され、再起を望めぬほどの壊滅状態に陥りました。本当の決戦場は大坂城ですので、もし西軍が規模は小さくなっても健在であれば（宇喜多隊あたりが殿軍《しんがり》を引き受けて、全滅を覚悟で友軍を退却させるなど）、まだ戦いは続いたはずです。あるいは大坂城にいた毛利輝元が徹底抗戦の意思をもっていれば（現に立花《たちばな》宗茂《むねしげ》は、輝元に大坂籠城を強く勧めた）、大坂攻城戦があったかもしれない。

でも結局は、三成ら首脳部が散り散りになったため、西軍は機能しなくなりました。輝元には黒田長政と福島正則（何より大事な外交を担当しています。単なる暴れ者であるはずがない）から働きかけがあり、毛利領の保全という空約束がなされました。

このときの文書のやりとりを見ていると、家康が新しい天下人になるんだ、ということを輝元はよく理解できていないようです。だから、ころりとだまされた。毛利領を削られないならそれでよいな、と大坂城を退去してしまう。九月二十七日、家康はだれの抵抗を受けることなしに、大坂城に入ります。これでチェックメイト。秀頼の生殺与奪の権は家康に握られました。

このときをもって、豊臣秀頼は天下人の座から降ろされた。そして徳川家康が新たな天下人になった。当時の社会構造を俯瞰すると、そう考えねばなりません。だからこそ家康は、すぐに論功行賞に取りかかれた。もう一度くどく書きますが、土地を安堵し与えるということは、将軍権力の根幹です。みなが家康こそは将軍だ、武家の棟梁であり天下人だ、と認めていたからこそ、論功行賞は有効になったのです。

## 関ヶ原の戦いが実質的な将軍を作った

論功行賞では新しい領地をもらってよろこぶ大名がいる一方で、西軍に属した大名は罰せられました。十月に入り、斎村政広《さいむらまさひろ》（但馬・竹田二万二千石）、赤松則英《あかまつのりひで》（阿波《あわ》で一万石）、垣屋恒総《かきやつねふさ》（因幡《いなば》で一万石）、石川頼明《いしかわよりあき》（播磨《はりま》・丹後で一万二千石）らが自害を命じられています。彼らは関ヶ原の戦い自体には参加していません。西軍の一員として関ヶ原の周辺で行動している人もいれば、地元で地味に戦っている人もいる。それぞれ別の理由で家康の勘気を蒙《こうむ》り、自害させられているのです。

「おまえ、切腹ね」と申し渡されたとして、もし「家康＝天下人」の認識がなければ、だれが一つしかない大切な生命を差し出すでしょうか。家康が戦いの前の「豊臣家の大番頭」のままだったとしたら、「おれは秀頼さまに忠節を尽くしただけだ。秀頼さま、助けてください」と懇願するはずなのです。彼らは家康こそが新しい武家の棟梁であり、秀頼はもう天下人ではない、と認識している。今さら秀頼に頼っても無駄だと分かっている。それで、もはやこれまでと観念して、自刃するわけです。

江戸幕府の始まりは、一応、慶長八（一六〇三）年、家康が征夷大将軍に任命されたことをもって画期とされています。でも、それはいわば形式です。かたちを整えただけのこと。「戦いが王を作り」、【図11】の変化が起きた関ヶ原の役の終焉をもって、徳川家康は武家の棟梁という意味での「将軍」になった。「将軍権力」を行使するようになった。主従制的支配権を発揮して、武士たちの生殺与奪の権を握った。同時に統治権的支配権も手に入れた。だから徳川政権は、すでにここに始まっていたと言うべきなのです。

## 天下人二人はありえない

最近、近世史研究者の笠谷和比古《かさやかずひこ》さんは、関ヶ原の戦いから大坂の陣までの十五年間を、「二重公儀体制」という概念で理解しよう、と提案されています。笠谷さんの説明によると、こうです。「関ヶ原合戦後の政治体制は、将軍職を基軸として天下を掌握しようとする徳川公儀と、将来における関白任官を視野に入れ、関白職を基軸として将軍と対等な立場で政治的支配を行なおうとする潜在的可能性を持った豊臣公儀とが並存した。こうした両体制の並存を二重公儀体制という」

要するに、大坂の陣まで、日本には二人の天下人がいた。一人は江戸の徳川家で、軍事を担当した。一人は大坂の豊臣家で、政治を担当した、というのです。今までのぼくの説明してきた「将軍権力の二元論」をあてはめると、徳川家は「主従制的支配権」を行使し、豊臣家は「統治権的支配権」を握っている、というわけですね。

これまで丁寧に（というか、うるさく）将軍権力について説明してきた本書の立場からすると、こうした理解は「ありえない」と言わざるをえません。「主従制的支配権と統治権的支配権」は車の両輪であって、そうお手軽に分けられるものではない。武人たる将軍は、まずは軍事（「主従制的支配権」）の実行者である。その実績に基づいて統治行為（「統治権的支配権」）がついてくるのです。それが日本の伝統である、武人政権のあり方です。

軍事力を行使できない、つまりは強制力をもたない存在が、政治を行えるわけがない。何らかの裁定を下せば、裁定で得する人間と損をする人間が生じる。損をして不満をもつ者が実力で反抗してきたとき、それをひねりつぶせる軍事力がなかったら、裁定は絵空事になってしまう。たとえば江戸時代、大名Aが取りつぶされたとする。城の明け渡しを求めに現地に赴く大名Bは、サラリーを失った大名Aとその家臣たちが武力蜂起をしても対応できるよう、軍備を整えていったわけです。

かつて足利尊氏が弟の直義に統治権を委ねたことはありましたが、それは尊氏の要請によるもの。徳川と豊臣はそうした協業関係にはありません。また鎌倉時代の後期、軍事力を失った朝廷が積極的に政治に取り組みますが、それはあくまで幕府の援助を受けてのことです。また、ぼくが大事なのは実行力、と言うと、それを批判する人は決まって「伝統」とか「権威」をもち出してくる。でも豊臣家の場合は、天皇家と違って、まだ「伝統」を主張できるほどの歴史がないのです。

日本中世の政治史をまともに勉強し、演繹《えんえき》的に徳川と豊臣を見るならば、「二重公儀体制」論はありえません。そもそも大坂の陣のとき、大名はだれ一人、大坂方に味方しなかった。二人の天下人がいたとするならば、こんなことが起こるはずがない。「二重公儀体制」論は枝葉末節にこだわって大本を見ていない。木を見て森を見ない「絵に描いた餅」にすぎません。

## 豊臣家をじっくり、確実につぶす

まとめましょう。いったん「豊臣家への反逆者」の立場になった家康は、「戦い」を通じて「実力で新しい天下人」になった。全国の武士に「主従制的支配権」を行使できるようになった彼は、豊臣秀頼にもそれを適用し、豊臣家の所領を大幅に削った。その結果、豊臣家は六十五万石あまりを領有する、徳川政権下の一大名にすぎなくなった。そういうことです。

そうした理解に立つぼくにとって、このあとの徳川と豊臣の交渉の一つ一つは、いってみれば些事、どうでもよいことにすぎません。たとえば慶長十六（一六一一）年に京都二条城において、徳川家康と豊臣秀頼が会見します。「二条城の会見」というものです。このとき秀頼が家康に臣従の礼をとったのだ、とか、いや両者は対等だったのだ（二重公儀体制論）とかいうのですが、「え。今さら？」です。

ぼくは秀頼が家康に従属することが全国に向けて可視化されたのだ、と解釈しますが、それが大勢に影響を与えたとは思っていません。淀殿をはじめとする「視野の特殊な大坂城の人たち」には一定のダメージがあったでしょうが、他の大名たちは「うん、そうだよな」にすぎないわけです。

大坂の陣の開戦につながっていく方広寺の鐘銘事件。「君臣豊楽。国家安康」と刻まれていて、豊臣が栄え、家康の名が寸断されるとは何事だ、と家康が激怒したというものです。これは要するに「でっちあげ」であり、口実。関ヶ原の戦いの前に、やれ前田は謀反人だの、上杉は戦争の準備しているだのと言いがかりをつけ、戦いにもち込んだ手口と一緒です。詳細に分析する価値はない。

問題とすべきは、家康は豊臣秀頼を生かしておく気があったのか、否か、ということでしょう。淀殿を江戸の人質にするなり、居城を大坂からどこかへ移すなりすれば、秀吉が織田秀信《ひでのぶ》(信長の嫡孫)を岐阜城主として生かしておいたように、豊臣家の存続を許したでしょうか。

ぼくは、否、と考えます。第三章82ページでみるように、家康は石橋を叩いて渡る人です。どんな措置を施しても、豊臣家は江戸幕府の潜在的な脅威になる。ならば摘み取るしかない。そう考える人だと思うのです。

けれども、早急には事を運ばない。予測のつかぬ事態が起きないとは限らないから。ゆっくりと時間をかけて、徳川の世に影響の出ないようにして豊臣家をつぶす。タイミングをはかって引き起こされたのが大坂の陣であり、その口実がたまたま方広寺の鐘銘だったということでしょう。だから、万に一つも大坂方の勝利はなかった。そういう身もふたもない戦いが、大坂の陣だったといえるのです。

# 第二章

# 徳川家康とはどんな男か?

## 迂遠だけど、安房・里見氏の物語

江戸の文豪、滝沢馬琴《たきざわばきん》の代表作といえば『南総里見八犬伝《なんそうさとみはっけんでん》』。それは次のように始まります。

——時は長禄《ちょうろく》元（一四五七）年、安房《あわ》の大名・里見義実《さとみよしざね》は近隣の安西景連《あんざいかげつら》に攻められました。戦い敗れて万事窮した義実は、飼い犬の八房《やつふさ》に戯れを言います。「景連を討ち取ってきたら娘の伏姫《ふせひめ》を与えるんだがな」。すると、なんと八房は、本当に景連の首を取ってきた！

安西軍は撤退。里見家は九死に一生を得ましたが、問題は八房への褒美でした。義実はさまざまな品物を積みますが、八房は見向きもしない。やむなく伏姫は八房を連れ、近くの富山に入っていきました。それを金碗大輔《かなまりだいすけ》という武士が追いかける。彼は姫の許嫁《いいなずけ》だったのです。

大輔は慎重に機会をうかがい、鉄砲で八房を仕留めます。ところがこのとき、誤射により伏姫も命を落とす。姫の数珠は空中に浮かび、仁・義・礼・智・忠・信・孝・

悌の字が記された八つの大玉が空中に飛散。大輔はその場で出家し、玉を求める旅に出るのでした。――

とまあ、これが『南総里見八犬伝』のオープニング。やがて時が移りゆき、各々の玉をもつ八人の「犬士」の活躍が語られていく。登場する人物は原則としてフィクションですが、歴史を踏まえている。馬琴の勉強ぶりがうかがえます。

里見氏はそもそも、清和源氏の名門です。有名な八幡太郎義家《はちまんたろうよしいえ》の子息が源義国《みなもとのよしくに》。その子どもである義重《よししげ》（一一三五〜一二〇二）は上野《こうずけ》の新田庄《にったのしょう》を本拠として新田氏を、義康《よしやす》は下野《しもつけ》の足利庄に拠って足利氏を起こします。新田義重の庶長子・義俊《よしとし》が上野国碓氷《うすい》郡里見郷（群馬県高崎市里見）に住んで里見氏の初代になりました。弟には本家を継いだ義兼《よしかね》の他に、家康のご先祖さま（史実でない可能性が高い）、得川義季《とくがわよしすえ》がいます。

義俊の長子、里見義成《よしなり》は御家人として源頼朝に仕えたのですが、彼のあとの事績がよく分からない。室町時代後期になって、『八犬伝』の義実（伏姫の父）が安房で里見家を中興した、といわれてきました。ところが、現在の研究は、義実が里見氏の嫡

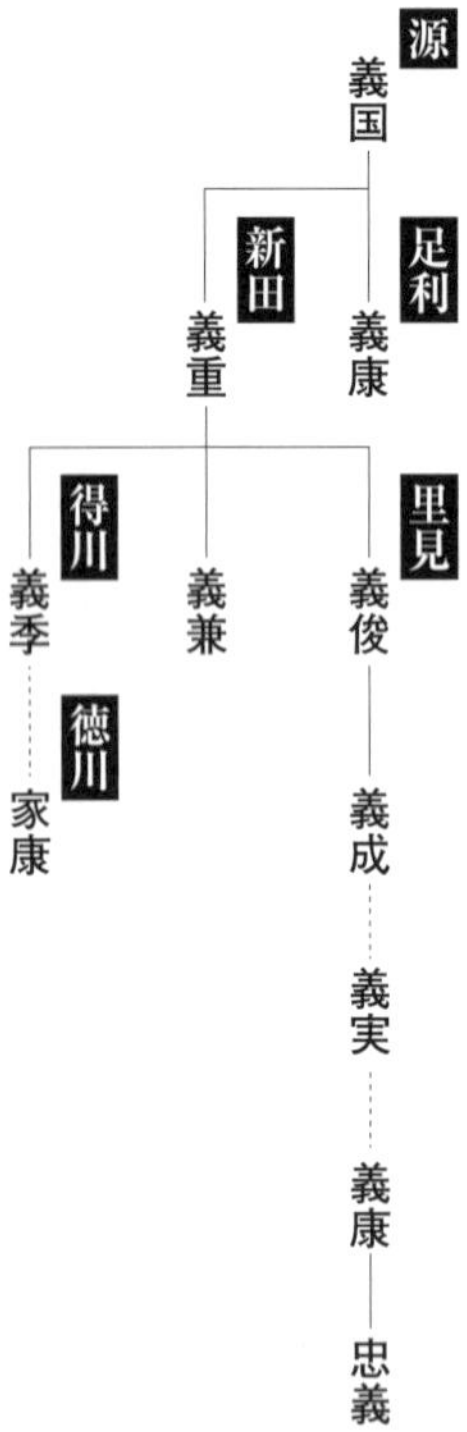


図12　里見系図

流かどうか、さらには実在したかどうかを疑問視しています。

義実の後継者である義通《よしみち》（子とも孫ともいう）の代に、里見氏は安房を治める大名になりました。義通の次代が義堯《よしたか》（義通の甥か。一五〇七?〜一五七四）で、小田原・北条《ほうじょう》氏と争いながら、里見氏の全盛時代を現出します。その力は安房のみならず、房総半島全域に及んだといいます。

朝倉宗滴《あさくらそうてき》（一四七七〜一五五五。朝倉氏三代に重臣として仕え、一乗谷《いちじょうだに》の栄華を支えた人物）の『朝倉宗滴話記』にこんな文章があります。「日本に国持ち・人使いの上手、よき手本と申すべき仁は、今川殿、甲斐武田殿、三好修理太夫殿《みよししゅりのだいぶ》、長尾殿《ながお》、安芸毛利《あきもうり》、織田上総介方《かずさのすけ》、関東正木大膳亮方《まさきだいぜんのすけ》、これらの事」。宗滴が「人を上手に使い、国をうまく治める」お手本と認めた人が列挙される。

今川義元。武田信玄。三好長慶《ながよし》。上杉謙信。毛利元就《もとなり》。織田信長。それに正木大膳亮。宗滴は一五五五年九月に没していますので、同年十月の厳島《いつくしま》の戦いも、一五六〇年の桶狭間《おけはざま》の戦いも知りません。それでも毛利元就、若き日の織田信長に注目している。まさに慧眼というべきです。だからこそ、ぼくは前々から違和感をもっていた。最後の正木大膳亮って何だ？

彼の名は時茂《ときしげ》（一五一三〜一五六一）。正木時茂だけが大名ではなく、里見家の重臣です。信玄・謙信・信長と並び称されるのだから、よほど優秀だったのでしょう。もしかすると宗滴は、彼の活躍に、朝倉家を支える自分の姿を重ねていたのかもしれません。そして時茂の補佐を得て、戦国大名・里見氏は、十二分に栄えていた、と推測できます。

## 里見義康は家康についたのだが……

里見義堯の孫の義康《よしやす》(一五七三〜一六〇三)は、増田長盛《ましたながもり》(五奉行の一人)を通じて豊臣秀吉と連絡を取り、従属を申し出ました。安房・上総の二ヵ国と下総《しもうさ》の一部を与える。秀吉はそう約束してくれました。太閤検地のときの数字ですが、安房が四万石、上総が三十八万石くらい。下総領をあわせると五十万石近い。これなら、大大名といってよい。

ところが義康は小田原征伐に際し、秀吉の陣所に参上するのが遅れてしまった(異説あり)。怒った秀吉は上総・下総の所領を没収、安房一国のみを義康に与えました。検地し直してみると、安房一国は九万一千石。本拠は館山城。これが里見氏の所領となったのです。小田原・北条氏の滅亡後に関東に入った徳川家康は、里見氏への抑えとして、勇者・本多忠勝を上総・大多喜(十万石)に配置しました。

関ヶ原の戦いでは、義康は家康に味方します。関東地方の警護をして、常陸《ひたち》・鹿島《かしま》領三万石余りの加増を受けました。これで領地は十二万数千石に。戦国の動乱をくぐり抜けて、とりあえず家は存続。父祖の土地・安房を守り抜いた。めでたし、めでたし……とは、いかなかった。ここから里見氏の悲劇が始まります。

慶長十九（一六一四）年九月、義康を継いだ子の忠義《ただよし》は、突如として安房一国を没収されました。罪状は「大久保忠隣《おおくぼただちか》失脚事件」への連座。幕府第一の実力者、本多正信と政治的なライバル関係にあった忠隣（小田原六万五千石）は、同年一月に失脚していました。忠義の正室は忠隣の孫娘でした。

安房を召し上げられた忠義に残されたのは、鹿島領三万石ですが、日を置かずに伯耆《ほうき》・倉吉《くらよし》藩三万石への転封が命じられました。里見主従はやむなく父祖の地を離れ、縁のない山陰へ。八年後、忠義は二十九歳で病死。跡継ぎがない、という理由で里見家は断絶します。

何とも不思議な、お家お取りつぶしの顛末でした。それはいったい、何を意味していたのでしょう。

## 家康は石橋を叩いて渡る

大久保忠隣が罪を得たのと、里見忠義が安房を没収されたのには、八ヵ月のタイムラグがある。だから連座は表向きの理由にすぎない。今提起されている仮説はそう述べています。忠義が安房を召し上げられたのは、大坂の陣が始まる二ヵ月前である。幕府の軍勢が大挙して大坂に向かった隙に、万が一安房から江戸を攻撃されては困る。それで脅威を取り除くため、外様《とざま》の里見家を排除したのだ。

この説明に接したときのぼくの正直な感想は、ちょっと大げさなんじゃないかなあ、でした。里見家は十万石余りの領地しかもってない。兵力は三千がいいところでしょう。いくら安房が江戸に近いからといって、これでは江戸城はびくともしないのでは……。そう思ったのです。

でも、よくよく考えてみると、それこそが家康、ではないでしょうか。徳川の世を盤石にする、その大事をなすためには、どんな小事もおろそかにしない。堤防はアリの一穴から壊れる。だから江戸城を攻撃される危険は、前もってつぶしておく。石橋は叩いて渡るのです。

このことに思い至ってみると、やはり大坂城は落とされる運命にあった。豊臣家の滅びは避けられなかった、と考えるべきでしょう。方広寺の鐘銘事件は、単なるきっかけにすぎなかった。あの一件がなくても、なんらかの難癖をつけて、家康は豊臣家を滅ぼした。大坂の陣は起こるべくして起こったのです。

## おめでたい名前が日本列島に並ぶわけ

ぼくが育ったのは東京の下町、亀有というところです。警察官・両さんが活躍するマンガ『こちら葛飾区亀有公園前派出所』で有名な町。この亀有、かつて「かめなし」と呼ばれていた。応永《おうえい》五（一三九八）年の「下総国葛西御厨《みくりや》注文」では「亀無」、永禄二（一五五九）年の「小田原衆所領役帳」では「亀梨」と表記されています。

それが江戸時代初期、正保《しょうほう》国絵図を作成するための報告書提出の際に、現在の名に改められました。「ない」より「ある」方が縁起が良いだろう、という実に単純な理由から、だそうです。先人には申し訳ないですけれど、頭の悪そうな発想ですね。一昔前の暴走族が「夜露死苦」なんて書きなぐっていたのと同じニオイがします。

上杉家の家老、直江《なおえ》兼続《かねつぐ》（直江家を継ぐ前の名は樋口《ひぐち》与六《よろく》）には樋口与七《よしち》という弟がいました。彼は小国《おぐに》という家の婿養子に入り、小国実頼《さねより》を名乗りました。同家は「ヌエ退治」で有名な源三位《げんざんみ》頼政《よりまさ》の弟（頼行《よりゆき》という人）の子孫。鎌倉時代から越後の小国という土地を支配してきた名家です。ところが、やがて実頼は小国の姓を大国に改めた。小さいよりは大きい方が良いだろう、という、お手軽な理屈からです。そういえば、大坂も、もとは小坂だったらしい。

戦いがなくなる織豊政権期から江戸時代初めにかけて、大名たちは山からおりてきた。山城は守るには良いけれど、何といっても不便ですから、平地や丘陵地に大規模な城と町を作るようになった。そのときに、町の名を縁起の良いものに変えたり、新たに命名することが行われた。

たとえば蒲生氏郷《がもううじさと》は会津の黒川を「若松」に変え、後に蒲生氏と領地を取りかえる加藤嘉明《よしあき》は伊予《いよ》の「松山」の名づけ親になった。松は常緑樹で冬でも緑を絶やさない。

そのイメージが大名たちに好まれたのでしょう。他にも「高松」「松本」「松江」等々、松の字が用いられる都市名は少なくありません。

音を大事にして、漢字を整える、ということもありました。伊達政宗は「千代」を「仙台」にした。漢詩に由来していて、これは教養の香り高い希少な事例です。加藤清正は「隈本」を「熊本」に改めた。「隈」の字の中に「畏」があるのを嫌い、強い「熊」にしたといいます。変わったところでは、大友宗麟《おおともそうりん》。キリスト教の町を作ろうとして、「無鹿」と名づけました。ポルトガル人宣教師から聞いた「ムジカ」、つまりミュージック、音楽の意です。

## 「穢土」に生きる家康

さてそこで、家康です。豊臣政権下における家康の城下は、もちろん江戸ですね。家康がやってくるまでの江戸城は、扇谷 上杉《おうぎがやつうえすぎ》氏(その家老が江戸城を築いた太田《おおた》道灌《どうかん》)、続いて後北条氏の拠点でした。拠点といっても、そうたいしたものではない。

五万石クラスの大名が城下町を作るのにはまあいいかな、というくらい。二百五十万石の徳川家が居城にするには、何もかもがまるで足りなかった。家康は盛んに土木工事を行って町を広げ、現在の巨大都市の原型を整備したのです。

駿府《すんぷ》にいたころの家康は、江戸なんて全く知らなかったでしょう。それでいざ関東にやってきて「江戸」という名前を耳にしたとき、彼は何を連想したでしょうか。おそらくは自身の旗印だったと思うのです。そこに書かれた文字は「厭離穢土《おんりえど》、欣求《ごんぐ》浄土《じょうど》」。浄土思想に基づいた文句です。

私たちが生きる現実の世界は、欲望うずまく「穢《けが》れた土地」である。そこでの罪深い生活を離れ、阿弥陀如来の極楽世界、「清らかな土地」を追い求める。そんな意味でしょうか。このとき、穢土は「えど」で、江戸に通じる。先に述べたように、音を大事にする風があるとすると、家康は「江戸」を「穢土」としても意識していたはずなのです。

他の大名なら、おそらくは、縁起の良い名前に変えたのではないか。いや現に、家康にもそうした先例があります。元亀《げんき》元（一五七〇）年、武田信玄の侵攻に備えるため、居城を三河・岡崎から遠江《とおとうみ》・曳馬《ひくま》に移したときのこと。曳馬は「馬を曳く」、つまり戦いに敗れるのを意味するから縁起が悪い。そこで周辺にあった地名を用い、「浜松」に改名しているのです。

ところが家康は、江戸は改名しなかった。彼はこの地で生活し、政権を構築していく。あえて江戸を選択し、穢土に身を置く家康。そこには、深い精神性が感じられるように思うのです。

かつて親鸞はあえて僧侶の戒律を破り、妻を娶り、肉を食べ、人々の中に入っていきました。われわれ人間は、さまざまな罪を犯すことなしに生きていくことはできない。けれども、悪から逃れられぬ日常の生をまるごと、阿弥陀仏は救ってくださる。そう人々に説いたのです。

家康もまた「江戸」＝「穢土」を居処とする。人々が日々を送る、この罪多く愛すべき土地。その地で懸命に生きることにより、私は浄土の創造を追い求めるのだ。家康の思いはそうしたものだったのではないか。ちょっとかっこ良く解釈しすぎかな？でもぼくは、後年の家康は、教養と精神性を十分に獲得していたように思います。勉学を好み、努力を欠かさなかった家康は、幼少からの苦労と相俟《あいま》って、懐の深い人物に成長していたのではないでしょうか。

# 第四章

# 家康って、案外いい人だと思う

## 徳川家康ができあがるまで

明治四（一八七一）年十月十二日、明治政府は「姓尸不称令《せいしふしょうれい》」（太政官布告第534号）を出しました。簡潔なので全文を挙げておくと、こういうものです。

「自今《じこん》位記官記ヲ初メ一切公用ノ文書ニ姓尸ヲ除キ苗字実名ノミ相用《あいもちい》候事《そうろうこと》」

公文書には「姓尸」を表記せず、「苗字実名」のみを使用せよ、というのです。

武田大膳大夫源《たけだだいぜんのだいぶみなもとの》晴信《はるのぶ》。これが出家前の武田信玄の名前です。武田は「家」の名前。右でいう「苗字」にあたります。大膳大夫は朝廷からもらった「役職名」。源は右の「姓」で読みは「かばね」。晴信が「いみな」で右の「実名」。そうすると、534号令にしたがうと、信玄は「武田晴信」とのみ名乗ることになる。

この「姓」と「苗字」の関係ですが、「姓」が細分化されて「苗字」ができあがるという理解でよいと思います。「かばね」の代表は「源平藤橘」ですが、この他にも小槻とか清原とか紀とか菅原とか、いろいろあります。でもそれだけでは足りないので、「苗字」＝家名ができあがる。

右にはもう一つ、「尸」というのがあります。これは元字が「屍」で、読みはやはり「かばね」。何かというと、天武天皇が六八四年に制定した「八色《やくさ》の姓《かばね》」の系譜を引くもので、中世で用いられていたのは、全部で八つあるうちの三つ。「真人《まひと》、朝臣《あそん》、宿禰《すくね》」。とくに朝臣ですね。これらも用いてはならん、とされました。ただし姓と尸は読みも同じ「かばね」なので、本書では源平藤橘などを「姓」とし、「尸」はあつかいません。

信玄は大名なので朝廷から官職名をもらいましたが、普通の武士はここに「通称」がきます。秀吉の名は木下藤吉郎《きのしたとうきちろう》、光秀は明智十兵衛《あけちじゅうべえ》ですが、藤吉郎・十兵衛がそれにあたる。平安後期から鎌倉時代だと話は簡単で、長男は太郎、次男は次郎、三男は三郎、と呼ばれた。次の代になると、複合的な通称が出てくる。つまり次郎の三番目の子どもだと次郎三郎。四郎さんの二番目の子どもは四郎次郎。

この組み合わせは二代まで。次郎の三番目の子どもの、さらに四男は次郎三郎四郎か、というとそうではない。父親と自分の生まれ順で、三郎四郎。それと、もう一つ面倒なのは、通称が固定化する、という事態が生まれてくる。ウチの跡継ぎは代々

「二郎三郎」を名乗ることにしよう、というもの。こうなると、長男であっても「二郎三郎」を名乗る。

さて、これらを説明した上で、徳川家康の名前を見ていきましょう。家康の幼名は「竹千代《たけちよ》」。松平竹千代を名乗り、織田家、今川家の人質として生活していた。やがて今川義元のもとで元服。義元の「元」の字を頂戴し、松平次郎三郎元信、のち元康となります。この場合の次郎三郎は、松平家の当主の通称。彼はあくまでも長男です。

今川義元が桶狭間で戦死すると、松平元康は三河の大名として独立。これを機に「元」の字を捨て、松平家康となりました。永禄九（一五六六）年までには三河を平定し、この年、朝廷から従五位下・三河守の叙任を受け、徳川氏に改称。「徳川家康」ができあがったのでした。

## 若き日の家康は「新田＝源氏」も知らなかった

家康が叙爵（初めて官位をもらうこと）したとき、正親町《おおぎまち》天皇は「先例なきことは公家にはならず（先例にないことは朝廷ではダメですよ）」として、勅許を渋った（陽明文庫所蔵の近衛前久《このえさきひさ》の書状）。近世史研究者である笠谷和比古さんは、この事態を「松平から徳川への改姓は先例がない」と解釈し（同氏「徳川家康の源氏改姓問題」、日文研研究紀要「日本研究」16、一九九七年九月）、ネットの関連記事などはみなこれに倣っています。でも中世史研究者で朝廷の史料をまともに読んでいれば、笠谷説が誤読であることはただちに分かります。

朝廷は「姓」で人を認識する。苗字はどうでもいいのです。家康が松平だろうが、徳川だろうが、それは関知しない。たとえば上級貴族の今出川晴季《はるすえ》は菊亭《きくてい》晴季も名乗りますが、朝廷は「あなたは藤原晴季でしょう。苗字は今出川でも菊亭でもお好きなように」というわけです。ただし、姓は勝手には変えられない。たとえば鎌倉幕府に仕えた「中原」広元は公卿への昇進を願って「大江」の姓に変える（中原で公卿になった先例はなかったが、大江ならある。ここにも朝廷の先例主義が見られる）のですが、これには勅許が必要だったのです。

家康は官位を頂戴する際に、私は新田一門の「徳川」（得川の得を雅字に換えた）

と申す者でございます、と名乗った。そこまではいい。けれども、自分の姓は「藤原」です、とも称した。朝廷はこれで困った。新田の分家ならば清和源氏のはずだ。つまり、源家康であるべきだ。それなのに、この「いなか武将」は、何を勘違いしたか、自分は藤原家康である、という。こういうデタラメに対して官位を与えた先例はないぞ、先例のないものはダメだぞ、と正親町天皇は反発したのです。

ところが吉田兼右《よしだかねみぎ》が万里小路《までのこうじ》家の史料の中から、都合の良い事例をもってきて、ムリヤリこじつけた。源氏である徳川の惣領の筋は二つあって、その一つは、何らかの理由があって藤原氏に改姓した経緯がある、と。近衛前久はこれ幸い、とその史料を天皇に奏上し、清和源氏の徳川家康は、「藤原家康」として任官を果たしたのです。

この話のどこが重要かというと、家康は「新田一門が源氏である」とのまことに初歩的な認識をもっていなかった、というところでしょう。貴族は当然知っていた。京都で生活していた守護大名もそれくらいは学んでいた。でも、当時の下剋上系というか成り上がり系の戦国大名は、姓と苗字の関係とか、武家の血脈とかを全く理解していなかった。それで織田信長も平と言ったり、時に藤原を自称したりしているのかもしれません。

## 勉強して『吾妻鏡』も読みこなせるように

こののち家康は源に名乗りを変えます。そして足利一門の吉良《きら》氏に系図を見せてもらいながら、あるいは新田家の嫡流と自任する（新田本家は滅びたので）岩松《いわまつ》家の系図の閲覧を求めながら、「徳川氏＝新田の庶流＝れっきとした清和源氏」という物語を「創作して」いくのです。

なおこれは余計なことですが、岩松家は「系図を見せてくれ」と求める家康のことをうさんくさく思ったのでしょうか。ひとたび預けたら、返してくれないいんじゃないか、と疑ったのでしょうか。ともかく、清和天皇から連なる新田家の系図を見せなかった。家康の求めを断ったのです。

「けちくさいやつめ！」家康は腹を立てたのでしょうね。岩松氏を交代寄合《こうたいよりあい》という高い格式（上級旗本で待遇は大名に準じる。五千石以上が多い）に任じながら、領地はたった百二十石しか与えなかった。百二十石といえば、藤沢周平の小説に出てくる海坂藩《うなさかはん》所属の中級武士並み。それなのに岩松氏は、交代寄合なので、大名行列を組んで参勤交代をしたのです。こうなると、もはや「いじめ」ですね。

それはさておいて。家康は初め、姓と苗字の関係などを理解できなかった。それでも歴史に興味をもって勉強を続け、鎌倉幕府の正史である『吾妻鏡《あずまかがみ》』を愛読するまでになった(『吾妻鏡』を今のかたちに復元したのは家康です)。「努力する人、家康」の姿を、ここでも確認できると思います。

## 家康の女性関係はマカフシギ

よく知られているように、家康は正室の築山殿《つきやまどの》と長男の信康《のぶやす》を失っています。織田信長の命によるものです。最近、信康の排除を欲したのは信長ではなく家康自身だ、という説が提出されていますが、ぼくは賛同しません。築山殿と信康は武田家と通じた嫌疑をかけられ、信長に厳しく罰せられたのだと思います。このことについては、また別の機会に。

その真相はさておくとして、後継者であった信康が亡くなったとき、家康には他に二人しか男子がいませんでした。いや、姫もあまりいない。彼の子を並べてみると、秀忠まではこんな感じです。

家康の誕生は天文十一（一五四二）年十二月二十六日。
・長男の信康　誕生は永禄二（一五五九）年三月　生母は築山殿　家康が十八歳。
・長女の亀姫《かめひめ》　誕生は永禄三（一五六〇）年三月　生母は築山殿　家康が十九歳。
・次女の督姫《とくひめ》　誕生は永禄八（一五六五）年十一月　生母は西郡局《にしごおりのつぼね》　家康が二十四歳。
・次男の秀康《ひでやす》　誕生は天正二（一五七四）年二月　生母はお万《まん》の方　家康が三十三歳。
・三男の秀忠　誕生は天正七（一五七九）年四月　生母は西郷《さいごう》局　家康が三十八歳。
そして秀忠が生まれたこの年、天正七年八月に、築山殿は殺害され、九月に信康は自害します。

家康は頑健な人で、老いてますます盛ん。六十代（当時でいえば老境です）になっても、年若い側室を置いた。これもまとめておきましょう。
・お梶《かじ》の方　天正十八（一五九〇）年　十三歳で側室に。家康四十九歳。
・お万の方　文禄三（一五九四）年　十五歳で側室に。家康五十三歳。頼宣《よりのぶ》・頼房《よりふさ》の母。
・お夏《なつ》の方　慶長二（一五九七）年　十七歳で側室に。家康五十六歳。
・お梅《うめ》の方　慶長五（一六〇〇）年　十五歳で側室に。家康五十九歳。
・お六《ろく》の方　慶長十四（一六〇九）年　十三歳でお梶の方に仕え、ほどなく側室に。家康六十八歳。

水戸黄門（徳川光圀《みつくに》）のお父さん、頼房などは六十一歳のときの子です。それなのに、普通は体力があり余る二十代・三十代に、彼にはあまり子がなかった。家を繁栄させるため、子はたくさん欲しかったはずなのに。これはいったい、どうしたことか。

家康は後家好み、さらには子連れの未亡人を好む、などといわれます。実際に調べてみると、後家は秀忠生母の西郷局と、阿茶《あちゃ》局、忠輝生母の茶阿《ちゃあ》局（まぎらわしいですが阿茶とは別人です）。それに義直《よしなお》生母のお亀の方。子連れは阿茶、茶阿、お亀くらい。多くの側室の中では少数派です。それでも家康が「後家好み」の評判を取ったのは、それだけ彼が、子どもを産んでくれそうな女性を切望していたから、かもしれません。

## 正室も側室も大事にしていない？

桶狭間の戦いのあとに、家康は今川家から自立します。そのとき、駿府《すんぷ》にいた正室の築山殿と幼い信康は殺される可能性があった。彼女たちはどうやって助かったか、というと、答えは人質交換です。桶狭間から二年後の永禄五（一五六二）年、トレードが成立して岡崎に移されたのでした。

彼女らと交換されたのは、三河・上之郷城《かみのごう》（蒲郡市《がまごおり》）の鵜殿長照《うどのながてる》の二人の遺児でした。長照は今川方として家康と戦って戦死し、子どもたちは捕らえられた。彼らの祖母（長照の母）は、今川義元の妹でした。今川の当主である氏真《うじざね》と長照はいとこ。いとこの子を救うため、家康の妻と子が放出された、というわけです。

長照の二人の子どもは、のちに家康に仕えますがあまり出世しなかった。大名になっていません。それから、長照の妹（姉かも）が西郡局（？〜一六〇六）です。この人は家康の初めての側室で、娘を一人産みました。この女子（督姫。家康の次女）はのちに小田原の北条氏直《うじなお》の妻となり、さらに池田輝政《いけだてるまさ》の妻になる人です。

話をもとに戻して。岡崎に戻った築山殿と子どもたちですが、築山殿は岡崎城に入ることを許されず、城外（総持寺《そうじ》の築山）で暮らしました。これは彼女が今川家に近い（彼女の母が義元の妹）ため、家康が信長に対して遠慮していたのだと思われます。

元亀元（一五七〇）年、築山殿はやっと岡崎城へ入ります。ところが同年、家康は本拠を岡崎から浜松城（もと曳馬城）に移します。このとき、岡崎城を信康に与えるとともに、築山殿は同城に留め置いた。浜松城には連れて行っていないのです。同行したのは西郡局で、このあと西郷局（秀忠の生母）を迎えるまで、身近にいたのは彼女だけ。仲が特別に良かった、というなら話は別ですが、晩年の西郡局は決して厚遇されていない。家康の女性関係、どうなっているのでしょう。ちなみに信長と違い、家康については男色の話をほとんど聞きません（例外は井伊《いい》万千代《まんちよ》＝のちの直政《なおまさ》）。

## 家康は実は愛妻家だった？

ここまで考えてきて、ぼくはふと毛利元就《もとなり》のことを思い出しました。彼は正室である吉川《きっかわ》氏とのあいだに三男一女（毛利隆元《たかもと》、吉川元春《もとはる》、小早川隆景《こばやかわたかかげ》。「毛利三本の矢」の三兄弟。それに五龍局《ごりゅうのつぼね》）をもうけた。それからしばらく間があいて、五十五歳ごろから、穂井田元清《ほいだもときよ》、出羽元倶《いずはもととも》、天野元政《あまのもとまさ》、末次元康《すえつぐもとやす》ら、男子だけで七人もの子を得たのでした。

どうしてこういう状況になったかというと、正室である吉川氏を大切にしていたから。吉川氏が存命中は、元就は側室をもたなかった。彼女が亡くなったのちに、寂しくなったのでしょう、何人かの側室を置いた。すると、からだが頑健だったので、三兄弟とは年の離れた弟たち（元就は彼らを、正室所生の三兄弟に比べて「虫けらのような」子どもたちだと述べています。もちろん誇張表現ですが）が次々にできた、というわけです。

もしかしたら、ですが。家康は、これと同じパターンではなかったでしょうか。元就にとっての吉川氏とは、もちろん築山殿しか考えられません。実は彼は、築山殿を深く愛していたのではないか。彼女のことを思えば、側室などは不要と思えるほどに（唯一の例外が西郡局です）。

けれども築山殿は、今川家に近い。彼女をそばに置いては、信長との関係に悪い影響が出てしまう。さて困った。彼女とは物理的な距離を置くしかない。けれどもやはり、彼女の他の女性は、考えられない……。家康のそんな思いが、彼の不自然な子作りに結びつくのかもしれません。

## 人間・家康のハートを感じる

妄想ついでにさらに想像をたくましくします。井伊家の所伝によると、井伊家の女性がまず今川義元の側室となり、そのうえで義元の妹として関口親永《せきぐちちかなが》に嫁いだ。二人のあいだに生まれたのが築山殿だ、となります（『寛政《かんせい》重修《ちょうしゅう》諸家譜《しょかふ》』）。江戸時代には築山殿＝悪女説が一般的だったのに、わざわざ申告しているところからすると、これは相当に信頼できる話ではないでしょうか。

だったら、さらに一歩進んで、築山殿の実父が今川義元その人だとしたら、どうでしょう。義元は妊娠していた側室を親永に与えた。しばしば聞く話です。周囲も事情をよく知っていて、家康が今川家にいるときは、むしろそれは厚遇の証しであった。でも家康の自立、義元の仇《かたき》である信長との同盟が、彼女の悲劇を生んだ。そう考えると、いろいろとつじつまが合うような気がしてなりません。

家康が今川家を離れて自立したときに、なぜ駿府にいた築山殿は殺されなかったのか。なぜ家康は、彼女の存在を織田信長に対し、ことさらに憚《はばか》っていたのか。築山殿はなぜ、「親・織田」の態度をとれなかったのか。「築山殿＝義元の娘」とすると、このあたりのことをまとめて説明できるのです。

証拠は不十分ですので、これは今のところ、妄想にすぎません。ただ、ぼくがここで何を言いたいのかというと、家康は妻や子を愛していた。それがちゃんとできる人間だった。まさに血の通う人間だったのではないか、ということです。

秀頼を頼む、頼む、と繰り返して秀吉は死んでいった。必ず秀頼を守《も》り立てると自分は約束した。秀吉の気持ちは十分に分かる。ああおれは嘘をつくことになるな、という自覚もある。でも豊臣家を滅ぼさぬわけにはいかない。江戸＝穢土に政権を置いて、そう決意する家康の真情はどういうものだったのでしょう。大坂の陣に向かう家康の心中は、まことに興味深く感じられるのです。

# 第五章

# 大坂城にはスパイがいっぱい!?

## ガラシャの死をだれが語り伝えたか?

慶長五(一六〇〇)年七月十七日、挙兵した石田三成は、大名たちの妻子を人質に取ろうと目論みました。その一環として大坂玉造《たまつくり》の細川屋敷に兵が差し向けられ、細川忠興《ただおき》の夫人・明智《あけち》玉《たま》に対して、大坂城内に移るよう要請がありました。ところが玉はこれを断固として拒絶します。彼女は屋敷内の侍女・婦人を全員集め「わが夫が命じるとおり、自分は死なねばならぬ」と宣言し、彼女たちを外へ出した。その後、家老の小笠原秀清《おがさわらひできよ》(少斎《しょうさい》)の介錯によって落命したのです。

玉とはもちろん、キリスト教への帰依で有名なガラシャ夫人のことです。明智光秀の娘で、夫の細川忠興とのあいだに忠隆《ただたか》、興秋《おきあき》、忠利《ただとし》などの子をもうけました。長男の忠隆の妻は前田利家の娘でしたが、彼女は義母のガラシャを残して屋敷を脱出したため、のちに舅・忠興の激しい怒りをかいました。このため、忠隆は後継者の座を追われてしまったのです。細川家を継いだのは、三男の忠利でした。次男の興秋はこれが不服で出奔。大坂の陣で、大坂城に入城します。

さて、ガラシャを介錯したあとに、小笠原は屋敷に火をつけて自刃しました。とすると、ガラシャ夫人の最期の様子がどうして委しく分かるのか。それは一人の女性が回顧譚を残しているからです。彼女の名は霜《しも》。夫人に死の直前まで近侍し、その遺言を預かって屋敷を脱出した女性でした。彼女は事件からほぼ半世紀後、正保五（一六四八）年に『霜女覚書《しもじょおぼえがき》』というレポートを作成しました。

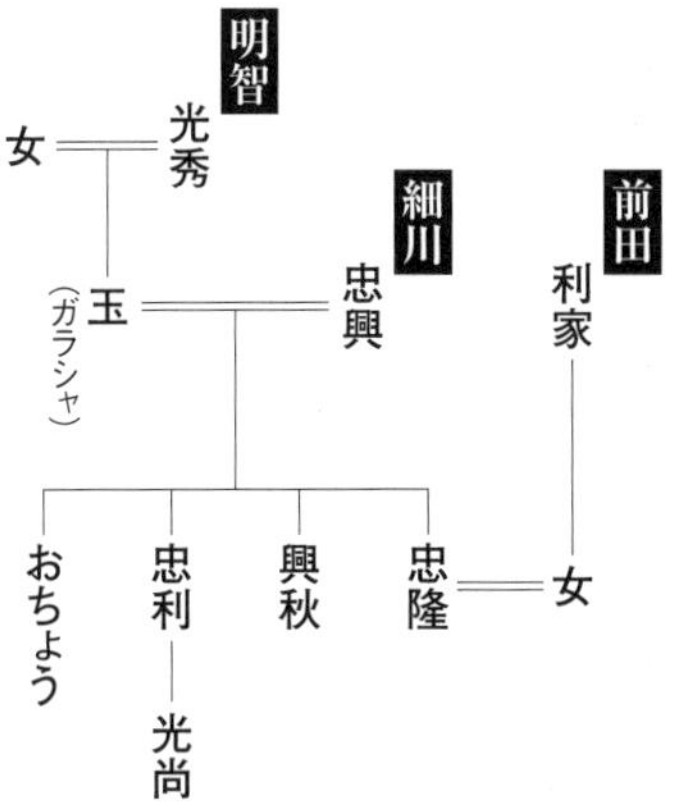


**図13　ガラシャに関わる人々**

時の細川の殿さまは熊本二代藩主の光尚《みつなお》。忠興とガラシャ夫人のあいだに生まれた忠利が初代の藩主。忠利の嫡男が光尚です。彼はあるとき、祖母の死の顛末を知る人物はいないだろうか、と家老の米田是季《こめだあきすえ》という人物に尋ねました。米田は、「私の母の妹、つまり叔母の霜がガラシャ夫人の侍女でした。彼女から話を聞く算段を致しましょう」。そう答えて、準備を整えたので

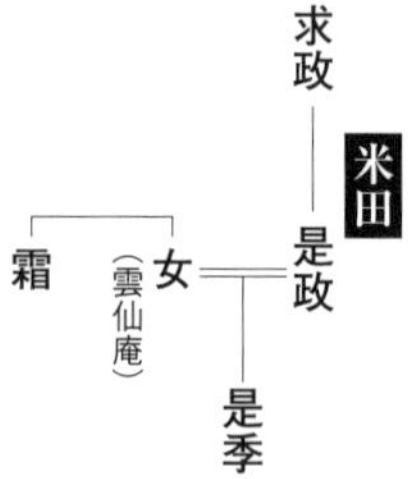


図14　米田系図

すね。実際に光尚と霜が対面したかどうかは分かりませんが、このときに霜の記憶を書き記したものが『霜女覚書』（永青文庫所蔵）なのです。

霜が語るガラシャの行動はたいへん興味深い（武家の理念とキリスト教の信仰の相克など）のですが、今は異色の経歴をもつ米田是季に注目しましょう。彼は実に、波瀾万丈の人生を送った武士なのです。

## 細川家の重臣、米田という武家

細川家は関ヶ原の戦いのあとに、豊前《ぶぜん》・小倉《こくら》藩三十九万九千石という広大な所領を得ました。さらに寛永《かんえい》九（一六三二）年、肥後《ひご》熊本藩の加藤忠広《かとうただひろ》が改易《かいえき》されると、そのあとを受けて小倉から肥後・熊本五十四万石に栄転したのです。そしてそのまま、明治維新まで続いていきます。

細川家には、「三家」と呼ばれる重臣の家がありました。松井家・米田家・有吉家です。このうち有名なのは筆頭家老の松井家で、代々、肥後八代城《やつしろ》（江戸幕府の一国一城制の数少ない例外）の城主を務めて三万石。忠興の父、幽斎《ゆうさい》と忠興に仕えた松井康之《やすゆき》は豊臣秀吉に気に入られ、石見《いわみ》半国を与えるから直臣にならないか、と誘いを受けたといいます（『寛政重修諸家譜《かんせいちょうしゅうしょかふ》』）。石見半国云々はどこまで信用できるか分かりませんが、ともかく彼は、豊臣家直臣の待遇を得ていました。

秀吉の甥の豊臣秀次《ひでつぐ》が失脚した際には、細川家は秀次から多額の借金をしていたので、窮地に追い込まれました。さらに忠興とガラシャの長女、おちょうは秀次の家老、前野《まえの》家（但馬出石《たじまいずし》十一万石）に嫁いでいたので、捕縛の対象にすらなっていたのです。康之は日ごろ構築していた人的ネットワークを利用して奔走。細川家として弁明に努めるとともに、おちょうの救出に成功しました。彼女の夫の前野景定《かげさだ》は切腹を命じられていますから、康之の尽力がなかったら、彼女の命はなかったでしょう。

関ヶ原の戦いのときには、豊後《ぶんご》・杵築《きつき》城（秀吉の死後、家康の裁量で与えられた細川家の飛び地。六万石）を守り、黒田如水と協力して西軍勢力と戦っています。康之は家康にも一目置かれ、幕府直参に準じた待遇を受けています。また子息の佐渡守《さどのかみ》興長《おきなが》は、あの宮本武蔵と深い縁があり、武蔵の細川家への仕官を仲介したり、晩年の武蔵の後見役を務めています。

あれ？　米田を紹介する前に、松井の話になってしまいましたね。では話を戻していよいよ米田なのですが、「三家」に共通しているのは、そもそもが足利将軍家の直臣であり、幽斎の代に細川家に仕えるようになったこと。米田家は大和の出身で、是季の祖父の求政《もとまさ》の代に、元来は同僚であった幽斎に臣従したのです。

求政の嫡子が是政《これまさ》で、彼は雲仙庵《うんぜんあん》と称することになる女性を妻に迎えました。彼女の妹が先述した霜で、是政と雲仙庵の子が是季。父子は忠興に従って上杉討伐に出向き、途中で転進して美濃へ。岐阜城攻めに参加しますが、是政はここで戦死を遂げます。遺された是季は関ヶ原の戦いで功績を挙げ、父の跡を継いで重臣として働き始めました。

## 北条早雲の逸話にはモデルがあった？

少し前まで、「北条早雲《ほうじょうそううん》＝素浪人説」というのがありました。京で食い詰めた伊勢《いせ》新九郎《しんくろう》（名は長氏《ながうじ》、もしくは氏茂《うじしげ》）ら七人の武士が、仕官先を求めて東へと旅立った。彼らは、仲間の一人が志を得て出世することがあったら、他の者は彼の家来となって支えよう、と誓いを立てた。やがて妹が駿河《するが》の大名、今川義忠《よしただ》の側室になっていた縁から、新九郎が今川家を足がかりとして、頭角を現していく。彼こそがのちの北条早雲であり、荒木兵庫・大道寺太郎ら仲間たちは北条氏の重臣になった。早雲と仲間たちの活躍により、小田原に拠点を築いた北条氏は、やがて関東に覇を唱えていく……というものです。

現在の定説では、伊勢新九郎（名は盛時《もりとき》）は室町幕府に仕えていたれっきとした上級武士である、となっています。素浪人たちの出世物語はすっかり否定されてしまったのです。でも、細川幽斎とその仲間たちの状況は、案外これに近かったのではないでしょうか。松井も米田も有吉も、衰弱しきった足利将軍家に仕える、微力な直臣だった。でも、主君である義昭《よしあき》が完全に没落するに至り、信長から評価を得ていた幽斎が大名に取り立てられ、彼らの新しい主人になった、というわけです。

## 細川家の次男と重臣も大坂へ

飯河信堅《いいかわのぶかた》という武士がいました。足利義輝《よしてる》、義昭に仕えています。永禄八（一五六五）年十月十一日には、一条院覚慶《いちじょういんかくけい》（還俗して足利義昭）の命を受けて細川藤孝《ふじたか》・一色藤長《いっしきふじなが》とともに禁制（禁止事項を公示した公文書）を発給していますので、藤孝＝幽斎とはまさに同格。しかも信堅の妻と幽斎の妻は姉妹（若狭《わかさ》熊川の領主、沼田光兼《ぬまたみつかね》の娘。沼田氏も足利将軍家直臣）だったのです。

遺された文書からすると、信堅は義昭の追放以前に死去したか隠居したと推測されますが、彼の息子の宗佑《むねすけ》とその子の宗信《むねのぶ》は細川家に臣従しました。関ヶ原の戦いに際しては、宗佑は幽斎とともに丹後田辺城に籠城。宗信は忠興の指揮のもとで、岐阜城攻めなどで活躍しています。戦後、飯河家は六千石を領します。まさに細川家の重臣と呼ぶにふさわしい禄高です。

ところが慶長十一（一六〇六）年七月二十七日、細川忠興は、飯河父子を討ち果たしました。理由はおそらく世継ぎ問題。先述したように、忠興は長男の忠隆を世継ぎとしていたのだけれど、嫁の行動を理由に廃嫡処分としました。忠興が新たな後継者に指名したのは、三男の忠利。これに対し、飯河父子は次男の興秋を推したのです。

この前年、忠利の兄であるのに世継ぎになれぬことに不満をもった興秋は、幕府の人質になるために江戸へ向かう途中、細川家から出奔しました。飯河家など、興秋擁護派と連絡を取っての行動でしょう。忠興は調べを進め、何らかの証拠をつかんで激怒し、飯河家の誅伐に踏み切ったと思われます。

さて、ここでやっと、米田是季の出番です。是季の祖父、求政の後妻（世代から考えると、是季の父である是政の実母ではないはず）は沼田光兼の娘の子（かつ、幽斎の養女）。世代が合わないので信用に足るか否か、判断の難しいところですが、ここにも沼田氏が顔を出すのです。それから是季の姉（もしくは妹）は飯河宗信の正室。彼女は夫と運命をともにし、自害しました。それで、是季が細川家を離れたのが、慶長十二（一六〇七）年。忠興への抗議の意が込められていたことは、疑いありません。

こののち、なんと是季は、豊臣秀頼の大坂城に入城します。実はこの城には、細川興秋がいました。二人はおそらく、気脈を通じていたのでしょう。それで二人は大坂の陣では豊臣方として大いに戦い、しかも生き残ります。

細川の御曹司が豊臣方として戦っていた。この事実が幕府に知られるとまずいことになる。それで戦後、忠興は興秋に切腹を命じました。死人に口なし。証拠隠滅を図ったのです。是季の方は浪人生活を続けますが、元和八（一六二二）年、藩主になった忠利に許され、十五年ぶりに細川家に帰参しました。

## 輝元のいとこ、お土産持参で大坂へ

関ヶ原の役で大きな役割を果たした、西軍の毛利輝元。戦後、彼は厳罰に処さるべきところを、家老の吉川広家《きつかわひろいえ》の奔走により助命されます。もう二度と徳川家に弓を引きませんと固く誓いを立て、長門《ながと》・周防《すおう》の二国を与えられました。安芸・広島から長門・萩に居城が移り、萩藩が成立します。

江戸時代初期、萩藩に内藤元盛《ないとうもともり》（一五六六〜一六一五）という上級武士がいました。この人、父方・母方の両方で、主の輝元と縁戚関係にあった。毛利本家は一代の英雄、元就の長男が隆元《たかもと》、その子が豊臣政権の五大老の一人、輝元です。元盛のお父さんは宍戸元秀《ししどもとひで》という人で、その母親は隆元と同母の妹（五龍局《ごりゆうのつぼね》。勝ち気な女性として知られる）。つまり元秀は輝元のいとこ。元盛のお母さんは内藤興盛《おきもり》の娘ですが、そのお姉さんが隆元の正室、かつ輝元の実母の尾崎局《おざきのつぼね》。だから母方では、元盛自身が輝元のいとこ。うーん、面倒くさい。ともかくも、毛利一門にがっちり連なる人物、ということです。

慶長十九（一六一四）年、大坂冬の陣が始まると、毛利家も徳川方として参陣します。ところが当主の輝元、どう贔屓目に見ても優秀とは言いがたい人物ですが、余計なことをやらかした。万が一にも豊臣方が勝利したときに備えるつもりだったのか、それとも関ヶ原でひどい目にあわせてくれた徳川家への反撃を画策したのか。その辺はよく分かりませんが、元盛に密命を授けて名前を佐野道可《さのどうか》と変えさせ、軍資金と兵糧のお土産つきで大坂城に入城させたのです。

## 哀れな佐野道可と息子たちの話

けれど、下手の考え休むに似たり、で翌年に豊臣方は敗北。まあ、勝てるわけはない。道可こと元盛も乱戦の中で討ち死に……で終われればよかったのですが、彼は何を思ったのか、生きながらえた。しかも毛利の一門であることがバレたうえに、逃亡中に京都で捕縛されてしまった。

もちろん幕府は、厳しい取り調べを開始。担当は大目付、柳生宗矩《やぎゅうむねのり》。そう、あの柳生新陰流《しんかげりゅう》、将軍家剣術ご指南役。十兵衛《じゅうべえ》三厳《みつよし》の父。ここで道可が、もしも「拙者は輝元様の命を受け、豊臣家にお味方したのでござる」なんて言ってしまったら、もうたいへん。萩藩は領地の削減か、下手をするとお取りつぶしか。でも、さすがに道可もそれは分かっていたらしく、

・自分の行動は豊臣に恩義を感じての個人的なものである

・主家、毛利家とは全く関係がない

と言い張ったわけです。国元から京都に呼び出された道可の二人の息子、内藤元珍《もとよし》と粟屋《あわや》元豊《もととよ》も、父が勝手に取った行動と主張しました。このため幕府は、毛利家の陰謀を立証することができませんでした。五月二十一日、道可は京都近郊の寺で自刃し、事件はひとまず落着したのです。

ところが、この事件には、やりきれない後日談が付随します。道可は腹を切り、一応の口封じはできた。けれど、その息子の元珍・元豊が生きている。父を失った彼らが怨みに思い、機密を洩らしたらたいへんだ。そう心配した輝元らは、兄弟に自刃を命じたのです。ひどい話です。また元珍の子・元宣《もとのぶ》は幽閉され、内藤家は一時、断絶の危機にさらされました。元宣の子隆昌《たかまさ》(元盛の曽孫)が再び毛利家の家臣の列に復し、千三百石を与えられたのは慶安《けいあん》元(一六四八)年、事件から三十年以上もあとのことでした。

## 毛利家のゆるさ？　それとも律儀さ？

大坂の陣において、毛利輝元は内藤元盛を大坂方として送りこんだ。豊臣家滅亡後、元盛は何も語らず、自刃して果てた。元盛の二人の子も、情報を秘匿するために自害させられた。

でもよく考えると、これ、とても奇妙です。幕府は結局、道可と萩藩の繋がりを立証できなかった。だからこそ、萩藩は処罰を免れた。では、だれがこの事件の真相を、後世に伝えたのでしょう？　まさか萩藩ではありませんよね。萩藩＝毛利家にとっては、輝元の見通しの誤りを公表することになる。体裁が悪すぎる。

いや、どうも、その「まさか」らしいのです。どうしたわけか、萩藩は、『萩藩閥《はぎはんばつ》閲録《えつろく》』（享保《きょうほう》十〔一七二五〕年ごろ成立）などの史料（『大日本史料』、道可自刃の条にまとめて収録）をもって、道可事件の顛末を自ら明らかにしているのです。それによれば輝元は、

・大坂城は堅城だから、五年、七年は落城するまい

・その間に徳川家康が死ぬ可能性は高く、もし家康が死ねば、事態はどう動くか分からない

と思案し、道可を派遣した、とあります。毛利方の陳述ですから、これは相当、真実に近いのではないか。こういう大切なことを自ら洩らしてしまうところが、輝元統治下の毛利家の「ゆるさ」なのかもしれません。

## 怪しいヤツは米田是季の他にもいた

いや、それはさておいて。以上を見てきたところで、私たちは一つの可能性に気付かねばなりません。毛利家は「ゆるかった」から、道可が毛利一門であることがバレた。けれども、①うまく立ち回って露見しなかった例、もしくは、②幕府に睨まれずに済んだ例が、実は他にもあったのではなかろうか。

①はつまり、こうです。外様大名が心きいた家臣に命じる。名を変えて大坂城に入城し、豊臣方として戦え。太閤さまから受けたご恩に応えることになるし、万が一豊

臣方が勝利したら、おまえの働きが我が家の生き残りに大きく寄与する。だが大坂城が落ちるようなら、申し訳ないが、城を枕に死んでくれ。遺された家族は、必ず面倒を見るから。そんな具合に主に懇願されて、人知れず死んでいった勇士がいたのではないでしょうか。

さらに②です。これは名前は表に出てしまっているけれど、幕府にしっぽを掴ませなかった事例。たとえば前々から江戸と大坂の手切れを予想し、有力な家臣Aをあらかじめ家中から放逐する。だけど裏では扶持を与えるなどして、大名家とAとはこっそり繋がっている。それでいよいよ開戦となれば、Aは堂々と大坂城に入城し、豊臣方として戦う、という寸法です。

いや、確実な実例はありません。大坂方として奮戦した後藤又兵衛と黒田家（筑前《ちくぜん》福岡藩）、塙団右衛門《ばんだんえもん》と加藤家（伊予松山藩）がそれじゃないか？　なんて、さすがに怖くて言えません。そういう大胆な推測をするのは、研究者ではなく、小説家の仕事ですから。

でも、ここで、細川家と米田是季が、どうにも引っかかるのです。というのは、慶長十二（一六〇七）年に細川家を離れた是季が、まさに大坂城に入城しているから。しかも城内には、後継者の座を奪われた忠興の次男、興秋がいたわけです。

## なぜ米田是季は残党狩りを免れたのか

細川家を浪人した米田是季は、豊臣方として戦いました。細川忠興の次男、興秋も大坂方として参戦していましたので、両者は大野治房《おおのはるふさ》の指揮下に入り、協力して戦闘に参加したのです。

是季は落城まで戦いましたが、脱出して生きのび、近江坂本の西教寺《さいきょうじ》に蟄居《ちっきょ》します。西教寺は天台宗の大寺院。坂本の城主だった明智光秀が帰依し、庇護したお寺です。今、同寺には「長岡監物《ながおかけんもつ》一族の墓」があるそうです。長岡監物とは是季ら米田家当主を指す呼称ですが、具体的にだれのお墓があるのか、確認しておりません。

是季はとりあえず蟄居で済みました。しばらく浪人生活を続け、元和八（一六二二）年、忠興の次の藩主・忠利に許され、細川家に帰参しました。めでたし、めでたし。一件落着。

でも、よく分からないことがあります。なぜ是季は大坂方の残党狩りにあわなかったのか。落城の際に、多くの町人が殺され、奴隷狩りのエジキになりました（第八章187ページ参照）。幕府は人取りにあった者たちを、侍は斬首、民衆は解放するように命じています。つまり原則、町人は助けられましたが、武士は殺されたのです。

何年もたって、大物の関係者が捕縛された例があります。たとえば明石全登《てるずみ》（宇喜多秀家に仕えていた、キリシタン武将）は行方不明でしたが、その息子・明石小三郎《こさぶろう》は寛永十（一六三三）年に薩摩で捕まっています。反対に、真田幸村の子が仙台藩の重臣、片倉小十郎《かたくらこじゅうろう》（重長《しげなが》）に匿われ、やがて仙台藩に仕官した例があります。是季も何者かに、守られていたのではないでしょうか。

## 米田是季はスパイだったんじゃないか？

そう考えてみたときに、想起した史実があります。是季は帰参したとき、次のような人数を従えていました。

『監物人数之覚

一、壱人ハ　自身（是季）

一、壱人ハ　母

一、壱人ハ　女房共

一、壱人ハ　せがれ（是長）

一、弐人ハ　侍

一、八人ハ　小姓

一、壱人ハ　台所人

一、七人ハ　女房達

一、四人ハ　はした

一、拾六人ハ　中間・小者

上下合四十弐人

外ニ馬壱疋』

自身を入れて、総勢四十二人。これだけの人数を、浪人の身で、いったいどうやって食べさせていたのでしょう。禄高は帰参時に二千石。三年後の寛永二（一六二五）年に四千五百石加増で六千五百石。家老職に。寛永十一（一六三四）年には三千五百石加増で、計一万石。彼の没後も米田家は加増を受け、彼の息子の是長の代に一万五千石。この数字で安定し、ずっと続いていきます（明治維新後、男爵）。

こうなると、どうしても疑いをもたざるを得ない。是季は大坂方の動向を探る、スパイだったのではないか。それは幕府にも密かに届け出がしてあって、だから戦後、是季は捕縛されなかった。細川家としては功労者をすぐにも迎え入れたかったが、体面があってできない。陰扶持を与えて生活の面倒を見、ほとぼりが冷めるのを待って帰参させ、加増していく。何だか、そんなシナリオが思い浮かびます。もちろん、立証はできませんので、研究とはとても呼べぬものなのですけれど。

# 第六章

## 北陸から、家康が愛した女性たちの話へ

## 関ヶ原のとき、北陸の大名は何をしていたか

関ヶ原の戦いには、東軍にも西軍にも北陸地方の大名の姿がありません。彼らは実は地元で戦っていたのです。その経緯はやはり、大坂の陣とも、深い結びつきをもっている。そこで、関ヶ原のときの北陸の様子を眺めてみましょう。

北陸の大名というと、何といっても金沢の前田家ですが、これは東軍につきました。前田家の他でこの地域の大きな大名というと、越前・北ノ庄《きたのしょう》の青木一矩《あおきかずのり》（二十万石）と加賀・小松の丹羽長重《にわながしげ》（十二万石）くらい。あとは数万石の小規模な大名ばかり。青木・丹羽と彼らは、こぞって西軍に味方しました。その中の一人が、加賀・大聖寺城の山口宗永《やまぐちそうえい》（一五四五〜一六〇〇）です。石高は五万石ほど。

宗永の父親の甚介《じんすけ》（実名は『禅定寺文書』の書状四点を見る限り秀康《ひでやす》が正しいか）は織田信長・豊臣秀吉に仕え、山城の宇治田原の周辺を領していました。彼が関与する有名な事件に、「神君伊賀越え《しんくんいがごえ》」があります。本能寺の変のあと、堺にいた徳川家康主従は、畿内から命がけで逃走しました。地侍や農民の襲撃（別ルートを選択した

穴山梅雪《あなやまばいせつ》はこれによって落命している）を警戒しながら河内から南山城に入り、木津川を渡った彼らは、宇治田原の甚介を頼りました。

甚介は一行を実父である多羅尾光俊《たらおみつとし》の小川城（近江・甲賀）に送り届け、甲賀の兵（これが後世、忍者として伝えられる）に護衛された家康たちは伊賀を越えて伊勢の白子《しろこ》浜《はま》（鈴鹿市）に到達。そこから海路、何とか三河に帰着しました。大げさに言うと、甚介は家康の命の恩人だったのかもしれません。

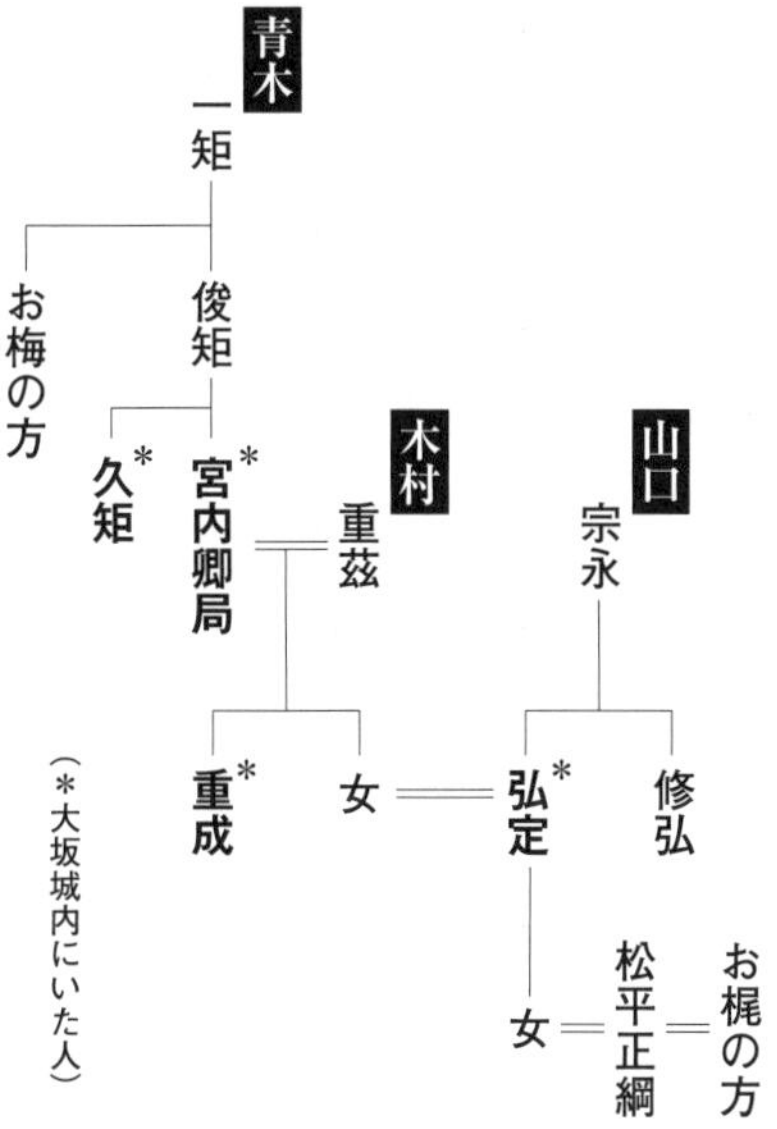


図15　青木・山口系図

## 北陸の地で滅びた山口宗永

甚介の子の宗永は早くから豊臣秀吉に仕え、秀吉の甥の秀秋《ひであき》が筑前・名島（博多を守る城）の小早川《こばやかわ》家の養子になったときに、付家老《つけがろう》として送りこまれました。でも、どうやら以前からの家臣たちと折り合いが悪く、また秀秋自身ともうまくいかなかったようです。

秀秋はやがて、朝鮮半島での戦いに失敗ありとして、領地を大幅に削減され、越前・北ノ庄に左遷されます。このとき宗永は小早川家を離れ、大聖寺五万石の大名になったのです。想像の域を出ませんが、秀秋の行動を秀吉に批判的に報告したのは、宗永その人だったのではないでしょうか。

慶長五（一六〇〇）年の関ヶ原の役において、山口宗永と修弘《ながひろ》父子は西軍につき、大聖寺城に立てこもりました。八月二日、前田利長は大軍をもって城を包囲。降伏を勧告しますが、山口父子は受け入れない。そこで攻撃が加えられ、城はわずか二日で落ちました。兵力の差はいかんともしがたかったようです。山口父子は自害して果てました。

戦いのあと、もちろん山口家は取りつぶし。ただし、生き残った次男の弘定《ひろさだ》に対しては、格別な咎めはなかったようです。浪人した彼は大坂城に入り、大坂の陣を豊臣

郵 便 は が き

お手数ですが、
切手を
おはりください。

151-0051

東京都渋谷区千駄ヶ谷 4 -9 -7

# (株) 幻 冬 舎

「なぜ幸村は家康より日本人に愛されるのか」係行

| | | | |
|---|---|---|---|
| ご住所 〒□□□-□□□□<br>Tel.( - - )<br>Fax.( - - ) | | | |
| お名前 | ご職業 | | 男 |
| | 生年月日 年 月 日 | | 女 |
| eメールアドレス： | | | |
| 購読している新聞 | 購読している雑誌 | お好きな作家 | |

◎本書をお買い上げいただき、誠にありがとうございました。
質問にお答えいただけたら幸いです。

◆「なぜ幸村は家康より日本人に愛されるのか」をお求めになった動機は？
① 書店で見て ② 新聞で見て ③ 雑誌で見て
④ 案内書を見て ⑤ 知人にすすめられて
⑥ プレゼントされて ⑦ その他（ ）

◆著者へのメッセージ、または本書のご感想をお書きください。

後、弊社のご案内をお送りしてもよろしいですか。
はい・いいえ ）
記入いただきました個人情報については、許可なく他の目的で
用することはありません。
協力ありがとうございました。

方として戦いました。彼の大坂入城の時期は分かりませんが、木村重成《きむらしげなり》（一五九三？～一六一五）の妹を娶っています。ただ弘定は、父の宗永の年齢（生きていれば大坂の陣のときに七十歳）からみて、このとき四十歳にはなっていたと思われます。婚儀は形だけのものだったのかもしれません。

弘定は義兄の重成の指揮下に入り、木村隊として戦います。それで、若江（現在は東大阪市）における井伊家との戦いで、重成とともに戦死しました。その墓は八尾市幸町にあります。重成の墓の隣です。なお、明治時代に日銀の理事となった山口宗義《むねよし》と、その三男でミッドウエー海戦で奮闘した山口多聞《たもん》提督は、宗永の子孫（松江藩の上士の家）とのことです。

## 丹羽長重は戦後に復活

大聖寺城を落とした前田の大軍は、畿内へと向かいました。ところが加賀と越前の国境付近でなぜか進むのをやめ、金沢に帰還しました。その理由はよく分かっていません。西軍の大谷吉継（越前・敦賀）がしかけた情報戦で欺かれた、「金沢に向けて海路、四万の大軍が進軍中」という「にせの報せ」に踊らされたのだ、という説があります。いかにもありそうな話です。

退却していく前田家と戦ったのが、小松十二万石を領していた丹羽長重です。織田信長の重臣で、安土城築城の奉行を務めた長秀《ながひで》の嫡男。正面からぶつかっては勝ち目がありませんので、丹羽軍は小松城近くの浅井畷《なわて》という場所で前田軍を待ち伏せた。いったん前田軍をやりすごし、背後から襲いかかった（浅井畷の戦い）のです。前田軍は大きな損害を出しましたが、何とか応戦しつつ金沢に帰還しました。武士の意地を示すことができた長重は、このあと前田家の勧告を受け入れて降伏します。

戦後、丹羽家は改易されます。でも浪人した彼は、大坂方とは縁をもたなかった。というのは、就職活動が功を奏し、慶長八（一六〇三）年に常陸《ひたち》・古渡《ふっと》一万石を与えられ、小なりとはいえ大名に復帰したのです。大坂の陣では徳川方として武功を挙げ、その二年後に二代将軍・徳川秀忠の御伽衆《おとぎしゅう》に抜擢。秀忠の、いわば「お気に入り」に名を連ねました。その後、次第に加増され、ついには白河十万石。場所こそ違いますが、かつてと同じくらいの領地を回復したのです。

## 秀吉と縁のある青木一矩は取りつぶし

いっとき小早川秀秋が城主になっていた越前・北ノ庄城には、関ヶ原の戦いのときには青木一矩（一五四一〜一六〇〇）がいました。第六章126ページで見たように、領地は二十万石。西軍についた（格別な軍事行動はせず、北ノ庄城に立てこもっていた）ために、戦後に所領は没収。青木家は取りつぶされました。

この一矩という人、早くから羽柴秀吉に仕えていましたが、秀吉の養父竹阿弥《ちくあみ》（実父という説もある）の縁者だったらしい。詳細な系譜は分かりませんが、秀吉といとこになるというのです。そんな関係もあってか、彼の孫娘（嫡男、俊矩《としのり》の娘）の宮内卿局《くないきょうのつぼね》は淀殿に仕えるとともに、豊臣秀頼の乳母に選ばれています。

彼女の夫は木村重茲《しげこれ》。秀吉の甥である豊臣秀次の家老を務め、山城・淀十八万石を領していました。秀次とその妻子が誅殺された（豊臣政権の後継者として秀頼が生まれると、秀次は秀頼の立場を危うくする存在として排除された）ときに、重茲は切腹を命じられます。宮内卿局は幼い子を連れてしばらく身を隠していましたが、やがて許されて大坂城内に入ります。彼女の子こそ、花も実もある青年武将として名高い木村重成です。

青木一矩は関ヶ原の戦いののち、ほどなくして病死。彼の子の俊矩と孫の久矩《ひさのり》は前田家の客分となりました。やがて俊矩は金沢で没。久矩は大坂城に入って豊臣方として働き、戦死しています。彼はこれまでの記述に従うと、木村重成のおじさんということになりますが、一矩の代から計算していくと、どうも年齢があわない気がします。俊矩は一矩の甥で養子という説もありますので、もう一度、系図を再考してみようと思っています。

## ついでに青木一重も紹介しましょう

青木一矩と同族ではないか、ともいわれるのが青木一重《かずしげ》（一五五一〜一六二八）です。その可能性は低いように思えますが、面白い経歴の持ち主なので、あわせて紹介しておきましょう。

青木氏は美濃国の豪族で、戦国時代には斎藤氏に仕えました。一重は一族を離れ、はじめ今川氏真《うじざね》に、今川氏没落後は徳川家康に仕え、元亀元（一五七〇）年の姉川の戦いで敵方の勇者、真柄直隆《まがらなおたか》を討ち取ったといわれます（『信長公記《しんちょうこうき》』）。このちも家康の戦いに従っていましたが、やがて徳川家を出奔、織田信長の重臣である丹羽長秀に仕えました。

本能寺の変での信長の横死後も長秀に仕えて山崎の戦い、賤《しず》ヶ岳の戦いなどに参加しましたが、長秀の死後は羽柴秀吉の家臣になり、黄母衣衆《きほろしゅう》（豊臣秀吉に仕える武者集団から選抜された親衛隊。織田信長の黒母衣衆《くろほろしゅう》、赤母衣衆《あかほろしゅう》に倣ったといわれる）を務めました。天正十三（一五八五）年に一万石を与えられ、翌年には従五位下・民部少輔《みんぶしょう》の官位を与えられました。秀吉没後は豊臣秀頼に仕え、速水守久《はやみもりひさ》や伊東長実《いとうながざね》らとともに秀頼の親衛隊である七手組《ななてぐみ》の組頭を務めたのです。

七手組というのは、秀吉が創設した親衛隊（外国でいえば近衛兵にあたる）で、御馬廻七頭《おうままわりしちがしら》ともいわれました。秀吉は約一万の精鋭を七つの部隊に分け、自身の身辺警護や朝廷儀礼の警護などにこの部隊を用いました。部隊長である組頭は概ね一万石程度の所領をもっています。

秀吉死後は秀頼に仕えました。ただし秀頼の時代になると実戦から遠ざかり、戦闘力は著しく低下していました。大坂の陣における組頭は速水守久を筆頭に、青木一重・伊東長実・堀田盛高《ほったもりたか》・中島氏種《なかしまうじたね》・真野頼包《まのよりかね》・野々村幸成《ののむらゆきなり》（その娘は、マンガ『センゴク』主人公、信濃・小諸五万石の仙石秀久の正室）です。このうち速水、堀田、中島、野々村は落城とともに討ち死にを遂げました。

## 大坂側についたのに身は安泰の人々

青木一重は冬の陣の講和ののち、城を出ました。夏の陣には参加しなかったのです。落城後は剃髪して隠棲していましたが、かつての主である家康に家臣として召し出されました。一万二千石の所領を与えられ、外様大名として摂津《せっつ》・麻田《あさだ》藩を立てたのです。青木家は改易されることなく、明治維新まで続いていきました。

一重と重なりの多い人生を歩んだのが、同じく七手組の組頭、伊東長実（一五六〇～一六二九）です。彼はもともと尾張の武士で、織田信長に仕え、羽柴秀吉配下となりました。黄母衣衆の一人として各地を転戦、神子田正治《みこだまさはる》（「羽柴秀吉の四天王」の一人に数えられる、秀吉の最古参の部下）の娘を妻としています。小田原征伐にも従軍。伊豆・山中城攻めで一番乗りの功績を挙げ、戦後の天正十八（一五九〇）年に備中・岡田一万三千石を与えられ大名となりました。

関ヶ原の際には、石田三成の挙兵をいち早く徳川家康に通報。家康の信頼を得ます。大坂の陣では家康に敵対するものの、落城後もお咎めなく、外様大名として存続することを許されました。岡田藩も麻田藩と同じく、伊東氏の領地として明治維新まで続いていきます。

一重も長実も、秀頼の側近く仕える親衛隊長の一人だったのに、助命されるのみならず、所領も安堵されている。大坂城内外のことを徳川方に知らせる、スパイだったのではないか、と疑う説があります。いかにもありそうな話だな、とぼくは思います。

## 頭が良くて、権力を愛する女性ってどうですか？

少し脇道にそれましょう。豆知識といえばそれまでなのですが、肩の力を抜いて、面白い話を。127ページと131ページでふれた山口家、青木家の女性のエピソードです。

大河内《おおこうち》松平家の松平正綱《まさつな》（一五七六〜一六四八）は、徳川家康の側近で、幕府の財政を担当した人物。彼が任命された勘定頭《かんじょうがしら》はのちの勘定奉行で、現代の財務大臣。その権力は老中に匹敵したそうです。世界最長の並木道である日光杉並木。これを寄進したのも正綱でした。また、彼の甥かつ養子が「知恵伊豆」として名高い幕府のリーダー、松平信綱《のぶつな》です。

相模・玉縄《たまなわ》二万石を知行《ちぎょう》。ただし、ただの「わずか二万石」ではありません。そこには家康が大好きな鎌倉が含まれていた。またこの領地は、家康随一の側近、本多《ほんだ》正信《まさのぶ》が治めた場所でした。それを与えられたのですから、正綱の特別さがうかがい知れます。

ただし、ぼくが正綱の名を記憶していたのには、別にわけがあります。それはお梶《かじ》の方（一五七八～一六四二）のエピソードを通じて。お梶の方は、お勝《かつ》の方ともいい、徳川家康の側室。のちに出家して英勝院《えいしょういん》。水戸初代、徳川頼房《よりふさ》（光圀《みつくに》の父）の養母になった女性です。太田道灌《おおたどうかん》の子孫で、少女のころから家康に仕え、聡明さをもって知られていました。家康の寵愛はあつく、関ヶ原の戦いにも随伴しています。

こんなエピソードです。あるとき家康が家臣たちに「一番うまい食べ物は何だと思うか」と尋ねました。みなが思案しながら、これは！　というものを並べていきます。家康はふと横にいたお梶の方に尋ねてみました。すると、彼女は即座に「それは塩です」と答えました。「塩があってこそ、おいしさが生まれるのですから」。家康は重ねて聞きます。では一番まずいものは何か。彼女は「それも塩です。塩を入れすぎれば食べられません」と答えました。一同は深く感嘆したというのです。

なんでしょう、この分別くささ。なりは美少女でも、中味はおばあちゃんですか。家康公、よくもてあまさなかったな。やっぱり人間の大きさかな、と感心していたら、実は彼女、一度家臣に下げ渡されている。いわゆる「拝領妻」ですね。それで、その家臣というのが当時の若手No.1、松平正綱だったというわけです。

ところが。「家康が考え直した」説と、「彼女が望んだ」説とあるのですが、お梶の方はほどなく、正綱のもとを去って、家康のところに帰ってきてしまった。「一番うまいのは塩」。分別くさい彼女のことですから、権力を愛したんじゃないかな。どちらにせよ哀れをとどめたのは正綱です。きっと彼の名は、寝所の二人のあいだで、いろいろに言われ続けたに相違ありません。う〜ん、これはつらい。

## 後妻は山口宗永の孫娘

お梶の方を失った正綱はやがて新しい妻を娶りました。きっと「今度こそ、うまくやるぞ！」と力が入ったに違いありませんが、それが山口弘定の娘だったのです。彼女の祖父の山口宗永の年齢からすると、婚儀は関ヶ原の戦い以後だったのではないか（宗永が二十五歳のときに弘定が生まれているとすると、関ヶ原の戦いにおける弘定は三十二歳）。すると、なぜこの婚儀（将来を嘱望された若手と、浪人の娘の組み合わせ）が成立したのか、経緯を知りたくなりますが、それを伝える史料はありません。

正綱の子孫は玉縄城主から上総・大多喜城主（石高は同じ二万石）に移って明治維新を迎え、正綱の生家である大河内の姓を名乗ります。最後の藩主の長男が、何かと世間を騒がせている理化学研究所の第三代所長となった大河内正敏《まさとし》子爵です。その孫にあたるのが映画『ゴジラ』でヒロイン役を務めた河内桃子さん。久我美子さん（ゴジラを抹殺する芹沢《せりざわ》博士を演じた平田昭彦さんの夫人）と並ぶ「お姫さま女優」として有名でした。

## 前田家は「加賀百万石」に

関ヶ原の役における前田家は、前田家当主の利長が越中と加賀北部二郡、同母弟の利政が能登を領していました。丹羽長重の待ち伏せを退けて金沢に帰還した利長は、徳川家康からの要請を受けて、もう一度畿内への進出を画策します。ところが前田軍は動けず、関ヶ原の戦いに間に合いませんでした。

それはなぜかというと、能登二十万石を支配していた利政が兄の動員令に従わなかったため。どうやら彼は、西軍と気脈を通じていたらしい。それから前田家の重臣の中には、利政の決断を是とする者が相当数いたようです。そのため、利長はうかつに動くことができなくなった。

戦後、家康は利政から能登を取り上げました。でもそれはそのまま利長に与えられた。そのうえ、丹羽長重と山口宗永が支配していた加賀南部二郡も前田家のものとなった。このため、前田利長は加賀・能登・越中、いわゆる「加賀百万石」を領する大大名になったのです。随分甘い措置のように思えますが、大名間で信望のあつい前田家をしっかりと取り込みたい。それが家康の計算だったのでしょう。

## 青木家の女性、お梅は家康のもとへ

豊かになった前田家は、気前よく敗軍の将を客分として迎えました。先述したように、青木一矩の子の俊矩、またその子の久矩は前田家に養われました。それでおもしろいことに、一矩の晩年の子のお梅《うめ》（一五八六〜一六四七）が、慶長五（一六〇〇）年に家康の側室に加わっているのです。ただ残念なことに、それが関ヶ原の戦いの前か、あとかは分かりません。

それでぼくは想像をたくましくします。お梅は青木一族の復権、という重大な使命を担って、家康のもとに送り込まれたのではないか。もちろん彼女はたいへんな美少女だったのでしょうが、家康もその血筋を重んじて、彼女を受け入れた。前述したように、彼女の兄の娘、すなわち姪（といっても、彼女より確実に年上）が秀頼の乳母を務める宮内卿局だった。大坂方の情報が取れるのです。

これも確証はありませんが、山口家の生き残り、弘定も前田家の厄介になっていた可能性は高い。そうすると、江戸と金沢が連絡を重ねるうちに、お梅が家康の側に上がり、弘定の娘が若手No.1の松平正綱の妻になったのではないでしょうか。これはさほどムリのない推理だと思います。

## それでも松平正綱はお梶の方が忘れられない

もう一つ。お梅は家康の母方の祖母、華陽院《けよういん》の縁者だったので、華陽院の姪という名目で江戸城に入ったというのです。この華陽院の生家は、諸説あって定かではありません。でもぼくは、華陽院（静岡市）にある彼女の墓の傍らに、お梶の方が産んだただ一人の子、市姫《いちひめ》（家康の五女。七歳で没）の墓があるのに注目したい。華陽院には三河・寺津城主、大河内元綱《もとつな》の娘という所伝があります。つまり松平正綱の縁者です。

華陽院が大河内家の人だったとすると、話がよく通じます。松平正綱は、ほんの一時の妻だったお梶の方が産んだ姫の墓を、大河内家ゆかりの寺に建て、後生を弔ったのではないでしょうか。この推測が正しくて、しかもお梅が華陽院の縁者だとすると、お梅の青木家と華陽院の大河内家とは何らかの連関がある。これに金沢という地縁（青木一族と山口一族がともに前田家の世話になっている）が作用すると、山口弘定の娘と正綱のご縁が成立する。むろん、こうした縁はすべて、江戸と大坂の対立に関係していくのです。

それからこれは本当に蛇足になりますが、家康の側室、お梅の方のその後を。彼女はやがて家康の寵臣であった本多正純《まさずみ》に譲り渡され、その正室となりました。正純は本多正信の嫡子。正信は正綱の前に、玉縄二万石を領有していた人です。

本多正純は徳川秀忠の時代に次第に疎まれるようになり、有名な「宇都宮釣天井《つりてんじょう》事件」で失脚します。お梅は正純と別れ、伊勢山田に移り住み、生涯を終えました。正純とのあいだに男子はありませんでした。

# 第七章

# 大坂城の男たち

## 前田家は真っ二つ

前田利長には子どもがいなかった。そこで父の利家が側室に産ませた弟・利常《としつね》を養子として後継者としました。慶長六（一六〇一）年、八歳の利常のもとに、徳川秀忠の次女、三歳の珠姫《たまひめ》が嫁いできました。これで利常の地位は盤石です。反対に後継の望みを絶たれたのが、利長の同母弟の利政でした。

前田利家の正妻・おまつはたくさんの子（十一人という）を産んだことで知られています。ただしその大半が女子であって、男子は利長と利政の二人だけ。利長に子どもができないとなれば、自分がおなかを痛めた利政に家を継がせたい。おまつがそう願うのは当然です。

でも西軍と気脈を通じて幕府ににらまれた利政は、加賀百万石の主にはなれない。結局、彼は京都に隠棲します。豊臣家は彼に、熱心に決起をもちかけました。もしも彼が大坂城に入城したら、大きなムーヴメントを引き起こしたかもしれない。というのは、前田家には親・豊臣派が厳然として存在したからです。

利常と珠姫の婚儀の翌年、慶長七（一六〇二）年五月、金沢城内で横山長知《よこやまながちか》が太田長知《ながとも》を上意により誅殺する、という事件が起きました。これは大事件です。何しろ二人の「長知」はともに加賀百万石の重臣。横山は二万石、太田は一万五千石を知行していた。下手をすれば小規模ながら合戦に発展しようかという、大名同士の殺し合いです。

誅殺の理由を明らかにしている史料はありません。古狐のたたりだ、等の説明はあるのですが、まさか史実ではないでしょう。重要な情報は、太田も横山もグループを組んでいた、という記述（『象賢紀略《しょうけんきりゃく》』）です。太田の側には篠原・村井・奥村、それに中川光重《なかがわみつしげ》がいた。横山の側には長《ちょう》・富田・不破《ふわ》、それにキリシタンとして有名な高山右近《たかやまうこん》がいたようです。

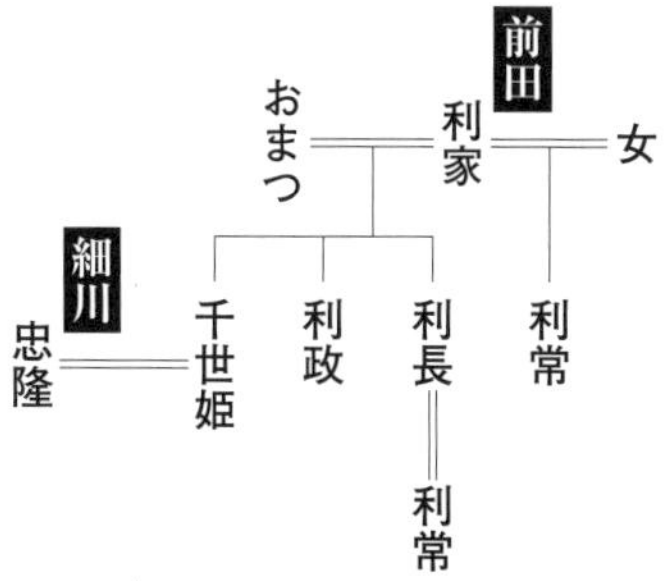

図16　前田系図

関ヶ原後の前田家の重臣たちが、真っ二つに割れて争っていた。それは誅殺者が出るほどに深刻なものだった。となれば、二つの陣営とは、かたや親・徳川。かたや反・徳川かつ親・豊臣。それしかありません。

## 徳川についたことを納得できない者たちも

秀吉没後、徳川家康と前田利家が激しく対立しました。慶長四（一五九九）年に利家が病没すると、家康は今度は、前田利長の謀反を言い立てます。前田家は諸大名のあいだで声望が高かった。だから前田家の重臣たちの中には、豊臣家を動かし、諸大名を味方につけ、家康と堂々と対抗しようという者もいたらしい。けれども利長は、家康と争うことを選択せず、膝を屈するわけです。

利長は金沢に帰国する。利家の未亡人・おまつを人質として江戸に送る。徳川家と前田家の婚姻（珠姫と利常）を約束する。これらを条件として、前田家の事実上の「降伏」は実現しました。この外交を担当し、前田家を危機から救ったのが、横山長知でした。

そうすると、当然、横山グループは親・徳川ですね。太田グループが反・徳川。けれども、横山とか太田なんて、正直なところ、よく知らなかった。前田利家の家臣といえば、奥村助右衛門《おくむらすけえもん》（名は永福《ながとみ》。白状します。マンガ『花の慶次』で覚えました）に村井又兵衛《またべえ》（名は長頼《ながより》）ですよね。この奥村・村井が反・徳川だとすると、利長は苦労したことでしょう。

## 号令をかけたのはおまつ？ それとも

慶長四（一五九九）年、前田利長と徳川家康のあいだに抗争がありましたが、軍事衝突に発展せず、政治的にケリがつきました。前田家は徳川家に完全に屈服。その証しとして利家未亡人のおまつは江戸に行き、江戸の人質第一号になったのです。なんと立派なお方様。さすがは、加賀百万石を利家と二人三脚で築き上げた女傑！それに比べて太田以下の愚かなこと。彼女の涙ぐましい努力を理解せず、強大な徳川にあくまで逆らおうとするなんて。前田のお家を危うくする、困った奴らだ。いや、少し前まで、ぼくはそんなふうに考えていたのです。

けれども、調べてみると、首を傾《かし》げざるを得ないことが次々と。まず太田長知。彼の母はおまつの妹。つまり彼はおまつの血を分けた甥で、利長のいとこなのです。それから太田グループの篠原《しのはら》というのは、おまつの生家（彼女の実父は篠原某と伝わる）出身です。当時の家長は一孝《かずたか》という人で一万五千石を取っていた。

同じく一万五千石余りを与えられていた村井長頼は、前田利家が家督を継いだときからの古参の家臣です。当然、若き日のおまつの苦労を熟知している。彼女が江戸に下向するときは同行し、慶長十（一六〇五）年に江戸で没しています。太田誅殺事件のとき、金沢にいたのは跡取り息子の長次。彼はのちに、おまつの六女、千世《ちよ》姫《ひめ》（細川忠隆《ただたか》と結婚していたが、やがて別れた）を娶ります。

同じくおまつの娘（次女、蕭《しょう》姫《ひめ》）を妻にしていたのが中川光重で、彼は二万三千石。それから最後に、利家の股肱《ここう》の臣として有名な奥村助右衛門は、知行が一万三千石余り。秀吉にも評価されていたようで、陪臣でありながら、豊臣の姓を賜っています。横山殺害当時は隠居しており、家は嫡男、栄明《はるあき》が継いでいた。

こうやって見ていったときに、ぼくの中で疑念が決定的になりました。「前田は徳川に従うべし」という方針を定めたのはおまつであり、進んで江戸に下ったとされる。けれども、それは、前田家が後の世に創ったフィクションじゃないか。家康に逆らうな、と大号令を発したのは、おまつじゃなく、利長だったんじゃないか。

その線で考えると、可能性はさらに二つ。

①彼女は前田家の政治に関わりをもっていなかった。

②「親・豊臣」グループに属していた。

北政所《きたのまんどころ》（秀吉の正室、おね）との親密な交友や、秀吉末期の醍醐《だいご》の花見における厚遇ぶり（秀吉の妻妾が「王者の妻たち」として並ぶ中、おまつにだけは特別にNo.6の席が用意された）からすると、②である可能性が高い、とするのが自然でしょう。

## 前田利政は大坂城で戦っていたかもしれない

なんであえて通説をひっくり返して考えたかというと、太田グループの人々が「おまつに近い」からです。彼女の血縁者とか、娘婿とか、尾張時代から長い時間ともにすごしてきた、とか。その近さは、「親・徳川」の横山長知らとは比べものにならない。横山グループは横山も長も富田も不破も、みな前田家が北陸にやってきたときからの家来です。とくに横山は、前田利家ではなく、利長に仕えた人だった。

天下の趨勢が明らかに徳川に傾いても、なお「親・豊臣」が金沢で力を保っていたのは、おまつという核があってこそ、ではなかったか。また彼女は、徳川に逆らって失脚した利政のことを一心に案じていた。そう考えると、徳川と豊臣のあいだで揺れる、前田家の緊張感が、よく分かる気がするのです。

歴史にｉｆはありませんが、もし利政が大坂城に入っていたら。彼はもちろん、浪人衆の最上席に座したでしょう。利長は慶長十九（一六一四）年の五月に亡くなっている。藩主利常は二十一歳と若い。前田家が割れて、豊臣方への参加が相当数あったとしても、奇異ではなかったかもしれません。

## ここにも大坂城に入った元・城主が！

黒澤映画に欠かせないバイプレーヤーとして、左卜全《ひだりぼくぜん》という俳優がいました。昭和四十五（一九七〇）年には劇団ひまわりの子役がバックコーラスを務める『老人と子供のポルカ』で歌手としてもデビュー。「ズビズバ〜」と人をくったように唱うこの歌は、大ヒットを記録。当時十歳だったぼくは、今でもよく覚えています。

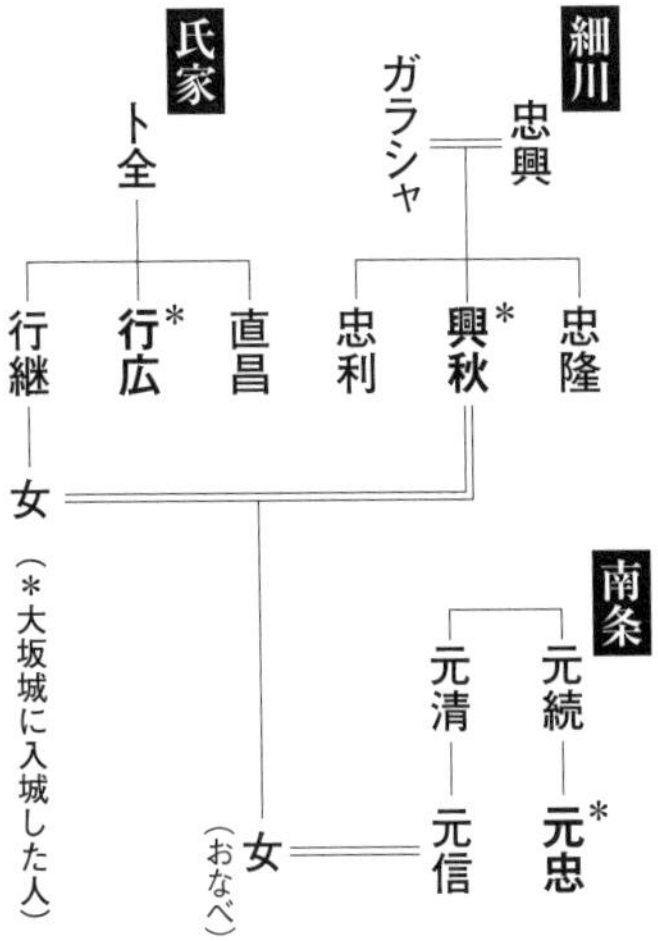


図17　氏家系図

いや、歴史の話です。左さんは「卜全」なんて芸名を、どうやってつけたのか。本名は三ヶ島一郎《みかじまいちろう》さんとおっしゃるそうです。辞書を用いて調べ、たまたま「卜」と「全」という漢字を選び出し、組み合わせた。その可能性は低そうです。相当ディープな歴史小説愛好者で、本で氏家《うじいえ》卜全の名を目にし、お、これ面白いな、と思ったんじゃないでしょうか。

氏家卜全（卜全は法号で、名は直元《なおもと》）は土岐《とき》氏・斎藤氏に仕えた美濃の有力武士で、稲葉良通《いなばよしみち》（法名は一鉄《いってつ》。頑固一徹の語源となった）・安藤守就《あんどうもりなり》（竹中半兵衛《たけなかはんべえ》の岳父）とともに、西美濃三人衆と呼ばれました。彼らの内応も一因となり、織田信長は岐阜城を手に入れ、こののち卜全は信長に仕えました。元亀二（一五七一）年、伊勢長島に一向宗を攻めて戦死します。

跡目はこのあと、長男の直昌《なおまさ》、次男の行広《ゆきひろ》が受け継いでいきます。二人とも目ぼしい功績を挙げなかったようで、行広は父が戦死した長島にほど近い桑名《くわな》の城主になり、二万石余り。関ヶ原の戦いでは西軍に味方し、そのために改易されました。五十五歳でした。

普通なら、ここで人生のまとめに入るところですが、行広には「もう一花」がありました。慶長十九（一六一四）年からの大坂冬の陣で、荻野道喜《おぎのどうき》と名を変え、大坂城に入城して奮戦したのです。家康は行広の器量を惜しみ、仕官を呼びかけた、といいます。ですが応じることなく、大坂城落城の際に自刃。彼の四人の子どものうち三人は京都所司代に捕らえられ、妙覚寺で自害させられています。

## まだいる、大坂城関係者

なぜ、こんな話をしたかというと、第五章113ページなどでふれた細川興秋が、行広の弟、行継《ゆきつぐ》の娘を正室としているのです。行継は卜全の三男。秀吉に仕えて、一万五千石を与えられていました。関ヶ原では西軍に味方し、兄の行広とともに桑名城に籠城。戦後、高野山で蟄居《ちっきょ》。徳川家康によって改易されましたが、翌年に許されて、細川忠興の家臣となり六千石を与えられたのです。この家の子孫はずっと熊本藩に仕えていきます。

興秋と妻（＝氏家行継の娘）のあいだには、女子が一人、生まれたようです。名はおなべ。彼女が嫁いだ先は細川家家臣、南条元信《なんじょうもとのぶ》（はじめ肥後熊本の加藤家家臣で六千石。加藤家が取りつぶされたあと、細川家へ。三千石）。

実は彼も大坂城と深い関係があります。というのは、南条家は伯耆《ほうき》・羽衣石《うえし》城を本拠とする小大名。元信の従兄の元忠《もとただ》は関ヶ原で西軍につき、大津城攻撃の軍勢に加わって、戦後に改易となりました。その後は浪人生活を続け、大坂城に入ったのです。この人については158ページにまた登場してもらいましょう。

## どっちにつくかは本当に悩ましい

明治・大正初期に活躍した在野の歴史家、山路《やまじ》愛山《あいざん》は次のように書いています。「信長という師匠なければ、前田も佐々《さっさ》も堀も佐久間も、いたずら者にて終わりたるやもいまだ知るべからず」（『豊太閤』一九〇九）。「いたずら者」は漢字で書けば「徒者」。つまらぬ人。信長がいなければ、前田利家も、佐々成政《なりまさ》も、堀秀政《ひでまさ》も、佐久間信盛（もしくは盛政か）も、二流の人で終わったかもしれない、というわけです。言い得て妙ですね。

徳川家康は信長との盟約を愚直に守り抜き、最後の勝利者になれた。浅井長政は同盟を反故《ほご》にして（越前の朝倉氏を攻めた信長を、背後から襲った）、滅んでいった。

ぼくたちは歴史を知っていますので、なぜ長政はあんな愚行に奔《はし》ったの？　と疑問に思ってしまいますが、あの時点で長政のような行動を選択することは、十分に「あり」だったのかも。「長政＝あさはか」と決めつけるのは酷というものでしょう。

地方の小大名にしてみれば、信長につくか、他者につくかは、まさに運命の分かれ道。ぼくたちと違って日本列島を俯瞰で見られない彼らですから、より強い影響力をもつ地方大名に心惹かれるのは当然ですね。その好例が、二〇一四年の大河ドラマに出てきた黒田官兵衛《かんべえ》の主人、播磨《はりま》の小寺政職《こでらまさもと》。一度は信長に従いながらまた裏切ってしまい、結局生き残れませんでした。

## 元・城主をもう一人ご紹介します

同じころ。伯耆国、今の鳥取県の倉吉のあたりには、南条元続《もとつぐ》という小大名がいました。居城は羽衣石城で、領地はというと……石高にすると、多くても七、八万石じゃないでしょうか。小寺氏より一回り小さい感じ。で、この南条氏も織田家につくか、毛利家につくか、悩みに悩んだ。それで悩んだ末に天正八（一五八〇）年、毛利と手を切り、織田に従ったんですね。二年後には毛利軍に攻められて羽衣石は落城。ただし元続は、自害せずに、しぶとく生き残ります。二年後、羽柴秀吉（天下人へとひた走っていた）と毛利家とのあいだに正式に和睦が成立すると、羽衣石城に復帰。晴れて大名（六万石ほど）になれました。

小寺家における黒田官兵衛の役どころは、南条家では元続の弟の元清《もときよ》。彼が健在なうちは南条家は安泰でした。ところが元続が病没し、若い元忠が当主になると、叔父さんである元清の後見がけむたくなる。今の会社でも、よくある話です。ついに元清は南条家を去り、小西行長《こにしゆきなが》、ついで加藤清正に仕えます。元清の助言がなくなった南条家は、関ヶ原の戦いで進退を誤った。西軍に属して、大津城攻撃などに参加。当然、戦後は改易されてしまいました。

元忠は浪人生活を続けた挙げ句に、大坂の陣で豊臣方に加わりました。ここまではお決まりのコースですが、このあとが泣ける。徳川方から伯耆一国を条件に寝返りを打診されると、これに飛びついてしまった。どう考えてもありえない話ですが、よほど羽衣石に帰りたかったのでしょう。でも、大坂方もマヌケではありません。企ては露見し、彼は城内で切腹させられました。慶長十九（一六一四）年十二月三日のことでした。

元清の跡は子どもの元信が継ぎますが、加藤家から細川家に。三千石を取っていますので、堂々たる上士。重臣といってよいでしょう。彼の妻のおなべは、155ページにも言ったように、細川興秋の忘れ形見（母は氏家行継の娘）。また、南条氏は米田家から嫁を取っています。第五章で見た米田是季の子の是長に男子ができなかったとき、米田家には南条家から養子（是庸《これつね》）が入り、存続していきました。

## では、城内の有名人をまとめて

ここまでは、あまり知られていない人にばかり、注目してきました。他とは違うものを！　という本書の趣旨には合致しているのですが、それだけでは物足りない。そう考えていらっしゃる方のために、有名な武人も、簡単に紹介しておきましょう。

まずは後藤又兵衛《またべえ》（一五六〇年生まれか）。名は基次《もとつぐ》。

黒田長政に仕えて戦場を駆け巡り、百石取りの身分から立身。関ヶ原の戦いののち、黒田家が筑前一国の太守になると、大隈城《おおぐまじょう》（益富城《ますとみじょう》）の城主となり、一万六千石を与えられました。ところが慶長十一（一六〇六）年、主君の長政と確執があって、黒田家を退去します。

又兵衛の名は広く知れ渡っていたらしく、細川忠興・福島正則・前田利長・結城《ゆうき》秀康《ひでやす》などから仕官を進められますが、旧主・長政の妨害にあってうまくいきませんでした。大坂には大野《おおの》治長《はるなが》の誘いを受けて入城し、奮戦します。夏の陣の道明寺の戦いにおいて、伊達政宗の隊と戦い、戦死しました。

御宿《みしゅく》勘兵衛《かんべえ》（一五六七年生まれ）。名は政友《まさとも》。

父の友綱《ともつな》は武田信玄の侍医を務めたといいます。勘兵衛は武田氏、北条氏に仕え、北条氏が滅びたあとは結城秀康に一万石で召し抱えられました。秀康の死後、跡を継いだ松平忠直と不和となり、浪人。やがて大坂城に入城しました。

浪人の名簿を見た徳川家康が、「警戒すべきは後藤又兵衛と御宿勘兵衛だけだ」と言ったという話があります（『武功雑話』）。そのわりに江戸時代の物語には愛されず、活躍させてもらえなかった。したがって又兵衛ほどの知名度がありません。夏の陣の最終戦である天王寺・岡山の戦いに参加。旧主・忠直の部隊と戦い、野本右近《のもとうこん》に討ち取られました。勘兵衛と右近は旧知の仲でした。

塙団右衛門《ばんだんえもん》（一五六七年生まれか）。名は直之《なおゆき》。加藤嘉明《よしあき》に仕えて一千石を取っていました。嘉明と不仲になって加藤家を飛び出したのちに、小早川秀秋、松平忠吉に仕えます。ですが不運なことに、両者ともに二十代で亡くなり、家は断絶。浪人を余儀なくされます。大坂の陣が始まると、出世を夢見て大坂方に。部隊長というより、典型的な「戦場の勇士」タイプだったようです。夏の陣が始まって早々、四月二十九日の紀州攻めの際に戦死しました。

## 大坂の陣で滅んだ長宗我部盛親

長宗我部盛親《ちょうそかべもりちか》（一五七五年生まれ）は自身がれっきとした大名でした。四国の覇者として有名な元親《もとちか》の四男。兄の信親《のぶちか》が九州・島津攻めの際に戦死したことから後継者となり、慶長四（一五九九）年の父の死後、土佐一国の太守となりました。

翌年の関ヶ原の戦いでは、西軍の主力として活動。ところが関ヶ原での決戦では南宮山に布陣したため、毛利隊（事前に家康と約束していて、兵を動かさなかった）の影響をまともに受けて戦闘に参加できませんでした。戦後、改易されて浪人。京都で寺子屋の師匠をして、生活していたと伝わります。

大坂の陣では旧領の回復を目指し、大坂方に。長宗我部の旧臣たちが集まってきて、浪人中ではもっとも多くの手勢を有していたのですが、さほどの活躍を見せていません。夏の陣では五月六日、八尾・若江の戦いの主力として出撃。藤堂高虎《とうどうたかとら》の部隊に甚大な損害を与えますが、反撃を受けて城内に退却。翌日の天王寺・岡山の戦いには参加せず、大坂城内の警護に回りました。

城が落ちると、再起を図って逃亡しましたが、八幡（京都府八幡市）に潜伏しているところを発見され、五月十一日に捕縛されます。見せしめのために二条城門外に縛りつけられ、十五日に六条河原で斬首されました。これにより、名門・長宗我部家は滅亡したのでした。

## 幸村に次ぐ活躍をした毛利勝永

最後に毛利勝永《かつなが》（一五七七年生まれ）。父の勝信《かつのぶ》は秀吉古参の家臣であり、第六章132ページの青木一重《かずしげ》と同じく、黄母衣衆《きほろしゅう》を務めていました。天正十五（一五八七）年、勝信に豊前《ぶぜん》・小倉《こくら》六万石を与えられ、勝永にも同国内で一万石が与えられました。また父子の苗字は本来「森《もり》」でしたが、秀吉の勧めで「毛利」に改めました。

その昔、八幡太郎義家《はちまんたろうよしいえ》の七男である源義隆《みなもとのよしたか》（?～一一六〇）は相模国毛利庄（現・神奈川県厚木市毛利台）を領し（つまり、本来は毛利義隆と名乗るべきところ）、森義隆と名乗りました。「森」と「毛利」は互換性があったのかもしれません。なお、森長可《ながよし》や森蘭丸《らんまる》の森氏（江戸時代は美作《みまさか》・津山《つやま》を領し、播磨《はりま》・赤穂《あこう》に移って幕末に至る）は、森義隆の子孫を称しました。

毛利父子は朝鮮半島でも奮闘しましたが、関ヶ原で西軍に属したために改易されます。懇意にしていた加藤清正、ついで土佐の太守・山内一豊《やまうちかずとよ》が父子を引き取りました。厚遇されて土佐で日を送るうち、慶長十六（一六一一）年に父の勝信が死去。大坂の陣に際して、勝永は土佐を脱出し、大坂城に入っています。

戦いではみごとな采配ぶりを見せ、各地で活躍。夏の陣では五月六日の道明寺の戦いに参加。殿軍《しんがり》を務め、友軍の大坂城への退却を成功させました。七日の天王寺・岡山の戦いでは真田隊と連携して徳川家康の本陣に攻め寄せますが、真田幸村が戦死したために大坂城に退きます。翌日、豊臣秀頼の自害を見届けたあと、自らも自刃しました。

勝永の戦歴は長く、また戦上手だった点は幸村と通じます。父親との関係も幸村とよく似ている。江戸時代の物語作者が彼を選んでいれば、もしかすると幸村の話は勝永のストーリーとして構築されていたかもしれません。その意味で勝永は、もう一人の幸村だったのです。

## そしてわれらが幸村は

さて、幸村の大坂城入城は、慶長十九（一六一四）年十月十四日ごろのことだと思われます。当時の幸村は、既述のように、さほど目立った存在ではなかった。父の昌幸の「おまけ」のような存在でしたから。

では仮に昌幸がまだ生きていて、大坂方についたとしたらどうだったでしょうか。『幸村君伝記』という史料には、「真田が籠城した」という話を聞いて、家康が震えた、という話が述べられています。「真田か。それは親か子か」。そう震えながら尋ねるので「昌幸はすでに病死していますので、子の方です」と答えると、家康はほっと息をつき、安堵した、といいます。

昌幸が大坂の軍師にでもなればたいへんだ、というわけですが、あくまでもフィクションでしょう。たしかに昌幸は戦上手ですけれども、彼が戦ってきた合戦と家康の戦いでは規模がまるで違う。石橋を叩いて渡る家康だから警戒はするでしょうけれども、怖れたとは思えない。ましてや幸村のことなど、眼中になかったのではないでしょうか。

大坂城にいたという山口休庵《やまぐちきゅうあん》なる人物が語った『大坂陣山口休庵咄《ばなし》』には、幸村の入城は次のように記されています。「幸村は五十万石もらう約束で、軍勢を六千率いて城に入った。……その軍装は赤で統一されていた」

大坂方が勝ったとしたら褒美の土地は思いのままですから、五十万石なんて景気のいい話はあったかもしれません。でも浪人していた彼が六千もの兵を養えるはずはありませんから、これは大坂入場後に、彼の指揮下に配属された兵の話でしょうね。

それから、軍兵が赤い甲冑を着ていた、というくだり。ゲームや小説などでは、真田隊といえば、赤。精鋭のしるし、赤備えですが、これは『大坂夏の陣図屏風』を見る限り、認めてもいいようです。大坂城内にはおそらく職人もたくさんいたのでしょう。幸村は彼らに依頼して、自らの指揮下に入った兵の具足を、赤く塗らせたのではないでしょうか。

赤備えといえば、武田家の山県昌景《やまがたまさかげ》が有名です。それから、武田家の旧臣を多く召し抱えた徳川家の井伊直政《いいなおまさ》の部隊。後北条家には白・黒・青・赤・黄の五色備えの部隊があったといいますが、それを確認する史料はありません。今に伝えられた甲冑を見ると、一色のものというと黒もしくは赤です。塗料の値段なのか、それとも当時の人の感性なのか。そこはよく分かりませんが、「真っ赤」はなにしろ勇者の証しです。幸村は部隊の一体感を現出するとともに、配下の敢闘を願ったのでしょう。

それから、真田のしるし、で忘れてはならぬのは六文銭の旗印です。たしかに幸村の祖父の代から使ってはいたようですし、家紋でもあったようですが、先にふれた『大坂夏の陣図屏風』には描かれていません。幸村隊の旗印は、やはり「赤」です。赤い旗に金線が入ったものを使用しています。

まあ六文銭はともかくとして、五千とも六千ともいう赤の部隊が、家康の本陣めがけて突撃していったのです。その様は敵をも感嘆させる光景でした。本来は見ず知らずだった浪人たちを統率しての苛烈な攻撃。それをやってのけた幸村は、やはり傑出した指揮官だったと評価すべきでしょう。

# 第八章

# 大坂城の女たち

## 大坂城主は秀頼ではなく淀殿

大坂城のタテマエの上での城主は豊臣秀頼だが、実権を握っていたホンネの城主は淀殿であった、というのは、みなの共通認識になっています。ぼくもそのように考えていますが、問題とすべきはいつから彼女が重んじられていたか、という点。それは彼女が豊臣秀吉の子を産んでから、というのがぼくの考えですけれども、それについて説明をしてみましょう。

浅井長政とお市《いち》の方のあいだに生まれた三姉妹、茶々《ちゃちゃ》（一五六九?～一六一五）・初《はつ》（一五七〇?～一六三三）・江《ごう》（一五七三～一六二六）の中で、もっとも早く婚姻したのは一番下の江でした。天正十二（一五八四）年ごろ、従兄（母の姉の子）の佐《さ》治《じ》一成《かずなり》に嫁いでいます。

一成は織田信長の次男である信雄《のぶかつ》に仕えていた。また、のちには丹波・柏原《かいばら》（兵庫県丹波市柏原）三万六千石を領した織田信包《のぶかね》の家老になった。俸禄《ほうろく》は多くて二千石くらいでしょうか。つまり一成は、一般的に見れば十分に上級武士ですが、独立した大名ではない。この時点での浅井三姉妹というのは、そうした武将と縁組みするくらいの格であると見られていた、ということですね。

巷説では、秀吉はお市の方に恋慕していた。だからお市の方の娘である三姉妹に特別な待遇を与えた、ということになっていますが、全く疑わしい。秀吉のお市の方への想いについては史料的根拠がありません。だから彼が彼女たちにどう接したかは、婚姻の史実をもって語るしかありません。

ついで結婚したのが初。天正十五（一五八七）年、秀吉の計らいにより、京極高次《きょうごくたかつぐ》の妻になっています。高次は名門・京極家の当主で、初の従兄（初の父の浅井長政の姉が、高次の母の京極マリア）でしたが、当時は二万石に足りぬ領地しかもたぬ小大名でした。

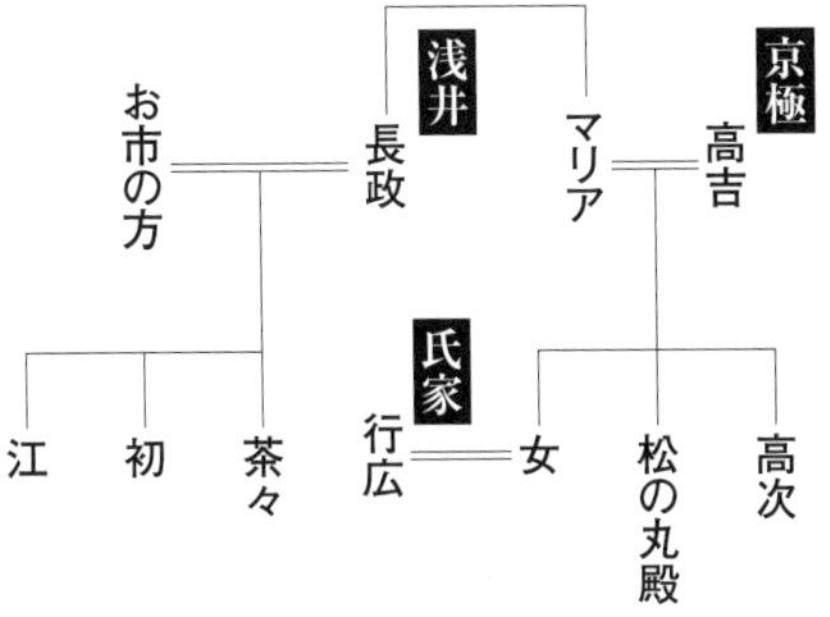

図18　茶々に関わる人々

## 茶々はいつから淀殿になったか

天正十六（一五八八）年ごろ、いよいよ淀殿が秀吉の側に侍《はべ》るようになります。けれども、それはあくまでも側室。二人目の正室になった（一人目の正室はもちろん、おね）、というのは的外れ。そもそも、正室は複数いるのだ、などというのは奇妙きてれつな説です。豊臣家の他には応用できない。徳川の大奥や他の武家大名の奥向きには複数の正室なんていませんから。豊臣家にしかあてはまらないのなら、それは説として成り立っていないのです。

多くいる側室の中で、淀殿が頭角を現したのは、天正十七（一五八九）年に秀吉の子（鶴松《つるまつ》）を産んだからです。子どもを産むと側室から一段格が上がる。それは徳川家の大奥にも、他の大名家にもいえること。その子がさらに跡継ぎになると、生母の格は二段も三段も上昇するのです。

初めての子は二年後に夭折しますが、文禄二（一五九三）年には拾《ひろい》（のちの秀頼）が生まれ、淀殿の地位は確固たるものになり、北政所とも並ぶのです。彼女の地位の上昇につれて、彼女の姉妹の重みも変わり、江は豊臣秀勝《ひでかつ》（秀吉の甥）と再婚しました。その時期はよく分かっていない（天正十四年以降とも、天正十九年三月から翌年の二月までとも）ようですが、ぼくは淀殿が子を産んだあとだと考えます。

秀勝が病死したため、江は文禄四（一五九五）年九月、徳川秀忠に嫁ぎました。淀殿が拾を産んでいたため、徳川家の後継者の妻にふさわしい、と判断されたのでしょう。なお、この年には、京極高次が近江・大津六万石を与えられています。

このように見ていくと、やはり淀殿は拾の母として秀吉から高い地位を与えられ、秀吉没後も、秀頼のお袋様として、大坂城の実権を掌握したと考えられます。そうした解釈がもっとも穏当で、史実に近いはずです。

## 女城主は、かく戦った

淀殿が城主、という想定が的外れでないことを証明するために、戦国時代の事例を見ていきましょう。この時代、戦っていたのは、何も男性ばかりとは限りません。女性もまた、命がけの日々を送っていました。

　大名の娘・大名の妻ともなれば、生家と婚家をつなぐ外交官、また夫を補佐する行政官の役割を果たした。夫が城を枕に討ち死にするような事態になれば、ともに自害する女性が多かった。となれば、女性だって、ただ泣いてなんていられない。日ごろ家臣たちに慕われている城主夫人が腹をくくれば、男たちに指示を出し、軍事指揮だってやれるのです。

　女城主として有名な女性に、立花誾千代《たちばなぎんちよ》姫がいます。彼女の父は立花（戸次《べっき》）道雪《どうせつ》。キリシタン大名、大友宗麟《おおともそうりん》の重臣です。博多の押さえ、立花山城の城主であった道雪は、同城を一人娘の誾千代に譲っています（『立花家文書』）。そして彼女の婿として迎えられたのが、戦上手として名高い、立花宗茂《むねしげ》になるわけです。

　一時は九州の過半を席捲した大友宗麟でしたが、その晩年においては島津氏の激しい攻勢にあい、受け身一辺倒でした。天正十四（一五八六）年四月五日、大坂に参向した宗麟は秀吉に臣従し、島津家の討伐を願い出ました。秀吉は了承し、九州に大軍を送る計画に着手します。

ただし、天下人秀吉は多忙で、すぐには動けません。島津氏はその隙に、大友氏を滅ぼし、九州統一の既成事実化を画策します。同年七月、島津軍が筑前を襲いました。けれども、さすがは立花宗茂。立花山城を固め、島津軍を食い止めました。

でも島津は諦めません。次には日向《ひゅうが》方面から豊後に侵攻し、大友の本拠に直接攻撃をかけてきました。北上する島津の大軍は、大友領を次々と侵食していきます。十二月初旬には利光宗魚《としみつそうぎょ》が守る鶴賀《つるが》城（大分市上戸次利光）が包囲されました。宗魚は懸命に防戦し、島津勢に損害を与えますが、運悪く流れ弾に当たって戦死。鶴賀城は落城の危機に立たされました。

この城が落ちれば、次はいよいよ大友氏の本拠・府内《ふない》（大分市）です。ここで活躍したのが、宗魚の妻であったと伝わります。亡き夫に代わって城兵を指揮し、厳しい攻撃をもちこたえました。彼女は立花道雪の妹といいますから、この一族の女性は、みな「男なんかに負けるか！」という気概を有していたのかもしれません。

## 尼になっても、やるときはやる

名前が似ている鶴崎城《つるさき》（大分市鶴崎）でも、女性が大活躍しています。鶴崎城は大友家の重臣、吉岡長増《よしおかながます》（立花道雪の友人）によって築かれました。長増の子の鑑興《あきおき》は、すでに戦死していて、当時の城主は鑑興の子の統増《むねます》でした。

野村文綱《ふみつな》ら三千の島津勢が、この鶴崎城に迫ってきたのです。ところが城主の統増は主人の大友宗麟とともに臼杵城《うすき》に籠城中。そのとき城の留守をあずかっていたのは、鑑興の未亡人である妙林尼《みょうりんに》でした。妙林尼は、落とし穴を掘ったり、鉄砲を駆使したりして果敢に戦いました。城攻めは容易だと甘くみていた野村らは困惑して、和議をもちかけました。妙林尼は、城兵の命を助けることを条件に和議に応じます。

そして鶴崎城で島津勢をもてなしていたとき。秀吉の大軍が動き始めたとの一報が入ったのです。島津は全軍が撤退することになり、野村らは、すっかり仲良くなったつもりで引き上げていきます。ここぞとばかり、妙林尼は追い打ちをかけたのです。油断していた野村らは、敗走するしかありませんでした。

## 大坂城内にいた「おきく」

淀殿の大坂城には、無名の女性がたくさんいました。彼女たちの代表として、おきくの物語を見ていきましょう。彼女は淀殿に仕えていて、慶長二十（一六一五）年では二十歳。いよいよ落城というそのときに、おきくは必死に城から逃げ出し、生き延びます。

のち岡山藩の医師のもとに嫁ぎ、八十三歳の天寿を全う。生前、孫の田中意徳という医師に、脱出行の様子を語っていた。そして意徳からその顛末を伝え聞いたある人が筆をとり、『おきく物語』を書き残したのです。

おきくの物語は、淀殿の生家、浅井家と深い関わりをもって進行します。おきくの父・山口茂左衛門《やまぐちもざえもん》、祖父・茂介《もすけ》は浅井家の侍でした。禄高は千二百石と物語は記しますが、これはさすがに多すぎます。上級武士だった、と考えておきましょう。

それから幸運なことに、茂介の組下に体格の立派な青年、藤堂与右衛門《とうどうよえもん》がいた。伊勢・津の城主（伊勢と伊賀のうち二十二万石。大坂の陣のあと三十二万石に加増）、藤堂高虎《たかとら》の若き日の姿です。茂介は何くれとなく与右衛門の面倒を見た。それでのちに、山口茂左衛門は藤堂家の客分として迎えられ、三百石を給されました。

さて、いよいよ徳川と豊臣の決戦となると、茂左衛門はおきくを連れて大坂城に入城しますが、ほどなく討ち死に。おきく二十歳のときでした。おきくはそのまま城に残り、淀殿に仕えます。ついに五月七日、大坂城落城の日となりました。

しかし、おきくにはせっぱつまった様子はありません。下女に命じてそば粉を焼かせるなど、それまでとあまり変わらない生活を送っていたようです。

## 火事場からの脱出はスピードがカギ

ところが、下女が台所に入っていったそのとき、徳川方の総攻撃が始まった、との情報が飛び込んできました。急いで見晴らしの良い場所にのぼり外を眺めてみると、あちらこちらから火の手が上がっている。ここでおきくの決断は早かった。逃げよう！　淀殿に仕えているといっても、さほどの義理はない。我が身が大切だ。帷子《かたびら》

（麻のひとえ）三枚を着込み、帯（原文は下帯。腰巻と解釈するべきか）を三本しめて建物の外に出、北へと駆け出しました。

広い大坂城内を走り抜けるのは、たいへんだったはず。敵味方が入り乱れ、人馬であふれていたでしょうから。でも、原文には特別な記述がありません。彼女の素早い決断が功を奏したのか、この時点では、戦の騒動はここまで及んでいなかったようです。無事に城外（京橋口）に出ると、ここにも武者はいないし、大坂方の負傷者も見えません。なんとかなると思ったかもしれません。

## いちかばちか見知らぬ男にかける

ところがここで、アクシデントが。物陰から単衣物《ひとえもの》一枚だけを身につけた男が現れ、錆びた刀を抜き、金を出せ、と要求してきたのです。おきくが懐中にしのばせていた竹流し金（七両二分に相当する。現代では七十五万円ほどか）二本を与えると、男は大喜び。そこで彼女は意を決し、危険な交渉を始めます。「藤堂さまの御陣はどこか」。

南の松原口だ、と男が答える。「藤堂さまの陣に着いたら、また金を与えます。だから私をそこまで連れていきなさい」。旧主のもとへ帰ろうというわけです。男は承諾しました。

おきくは肝の据わった武家の女性で、足軽クラスの男（女性に置き換えれば、そば粉を焼くよう命じられた下女に相当）に厳しく指示を与えるだけの威厳をもっていたのでしょう。とはいえ、男の気持ちがどう変わるか、知れたものではありません。いつ強盗に早変わりするか分からない。得体の知れぬ男に守られながら、おきくは歩いていきます。大坂城外に出て、南の松原口にある藤堂高虎の陣所へと向かっていく。

## 常高院の一行に紛れ込んで

そのうちに彼女は、女性を中心とする一団に出くわしました。常高院《じょうこういん》（原文では要《よう》光院《こういん》）の一行でした。彼女は浅井三姉妹の一人、初。淀殿の妹で、江（二代将軍秀忠の正室）の姉。若狭の大名、京極高次の正室でした。この京極高次も浅井家ゆかりの人で、母が浅井久政《ひさまさ》の娘、長政《ながまさ》の姉。

常高院は冬の陣のあとの和議を結ぶときに、活躍しました。このときは最後の和睦工作をするために、大坂城内にいました。豊臣秀頼の助命は不可能としても、せめて姉の淀殿を助けようと奔走していたのでしょう。でも、それも難しいと判断して仕方なく城を出てきた。

彼女は屈強な武士に負ぶさり、後ろから足を押さえてもらっていた。周囲には侍や女中が付き従っていました。城内から逃れてきた女たちも、数多くいた。これを見たおきくは、チャンスだと瞬時に判断しました。怪しげな男を振りきって、常高院の一行に加わった。藤堂陣営に赴くことはきっぱり断念し、一転して北に向かったのです。

一行は守口の民家で休息を取りました。そこへ徳川家康から常高院に召しがあり、輿《こし》が遣わされてきました。常高院はついてきた大坂城の女たちに、申し渡します。たとえ女の身とはいえ、大坂城内に立て籠もっていたわけだから、覚悟だけはしておきなさい。将軍が何と仰せになるかは、分かりません。私もできるだけ口添えするが、厳しい命令（捕縛とか、自害の強要とか）が下るかもしれませんからね。それを聞いた女たちは泣き崩れるのでした。

## 衣服の縁で心強い仲間ができる

しばらくして常高院が帰ってきて、いそぎ吉報を伝えてくれました。あなたたちは罪には問われません。好きなところへ行ってよし、との上意です。それを聞いた女たちはわっと歓声を上げます。おきくは知り合いになった秀頼付きの女中と、京都へ行こうと話し合いました。この女性は帷子が一枚、下帯も一つというありさまだったので、おきくは自分が着ていた帷子一枚と下帯（やはり先述したように、紐状の帯ではなく、腰巻と解釈するべきか）一つを分けてあげました。それで二人は仲良くなったのです。

彼女は山城宮内《やましろくない》の娘、と原文にあります。山城宮内とは、山城宮内少輔忠久《しょうただひさ》のことでしょう。かつては豊臣秀吉に、この時点では徳川幕府に仕え、一貫して使番として働いていた人物です。使番は、戦場において伝令や監察を行う役職。味方に指示を出し、敵軍への使者も務めました。主君の代理として振る舞うわけですから、大切な役目です。少なくとも二、三千石くらいは取っていたと思われます。

そんな将軍直属の上級武士の娘が、秀頼に奉仕する女中だった。これは驚きです。表向きは親子の縁を切っていたのでしょうか。細川忠興の次男の興秋が大坂城に入城していた事例に似通っているのかもしれません。ただし事の真偽を含めて、この辺の事情をより委しく知るための史料は、残念ながら残っていません。

余談ですけれども、山城忠久は元和三（一六一七）年、前年に没した徳川家康を祀る東照社（のちの東照宮）造営に携わり、同僚の本多正盛《まさもり》（実子の安藤重長《あんどうしげなが》は幕府の重臣となる。高崎五万六千石を知行）といざこざがあって自害しました。正盛もあとを追うように切腹。『関原軍記大成31』は、忠久が正盛に恥辱を受けたと福島正則に相談したところ、正則はいわゆる指腹《さしばら》（自分は腹を切るが、その代償として、自分が指名した相手にも腹を切らせる行為）を勧め、忠久はそれに従ったと記します。実に興味深い話です。

山城宮内の娘（以下は山城娘、と表記します）の出自をみると、父は将軍に直属で役付き。おきくはというと、父は藤堂藩の客分で三百石取り。かなりランクが違います。二人がどのような友人関係になったかは原文になく、わかりません。平穏な世なら対等な友人にはなりえないでしょう。でも、命がけの逃避行という状況が状況だけに、身分を超えた友情が生まれたのかもしれません。

## 京都へ落ち延びる

おきくと山城娘は、二人で京へ向かいました。若い女が襲われずに道を往き来できた。大坂から少し離れれば、それくらいの秩序は守られていた、ということ。これは押さえておくべきポイントです。それでまずは大坂城に出入りしていた旧知の商人を訪ねたところ、大坂方の落人を泊めるわけにはいかない、と家に上げてくれません。

やむなく山城娘の叔父にあたる「織田左門《さもん》」の屋敷に行ってみると、ここでも門内に入れてくれない。怒ったおきくは「この人はご主人の姪にあたるのですよ。それでも入れて下さらないのか」と声を張り上げました。すると邸内に通され、一転してたいへんなもてなしを受けました。左門は「姪を一人、拾うことができた」と、おきくに丁寧に礼を述べたのです。

織田左門の名は頼長《よりなが》。織田有楽斎《うらくさい》（信長の弟で、名は長益《ながます》。彼の屋敷があった地が、のちの有楽町）の嫡子で、傾《かぶ》き者、茶人として有名な人です。彼と父の有楽斎は淀殿の血縁者として、冬の陣までは大坂城内にいました。徳川との交渉に当たっていたのです。冬の陣のあとに徳川と豊臣の和議が結ばれたとき、豊臣に見切りをつけ大坂城を退去。三万石あまりの父の領地を受け継ぐべきところ、大坂方に味方したということで廃嫡。世捨て人として京で暮らしました。

さて、おきくは四、五日、頼長の屋敷にいたあと、山城娘に別れを告げ、同じく京都に暮らす松の丸殿のもとに赴きました。松の丸殿は豊臣秀吉の愛妾で、名は京極竜子。父は近江国の名門武家、京極高吉。母は浅井久政の娘。常高院の夫である京極高次の妹（姉とも）で、浅井三姉妹（浅井長政の娘）はいとこにあたります。

おきくの浅井家ネットワークは、再び有効に機能します。松の丸殿は彼女を召し抱えてくれました。就職活動、みごとに成功！　おきくの必死の脱出行は、ここで終わりを告げました。

### 即断即決プラス幸運で助かった

城が落ちるといっても、なんだ、わりと容易に逃げられるんだな。なんて思っていらっしゃいませんか。いえいえ、ぼくの伝え方が拙いだけで、決してそんなことはない。彼女は客観的に見て、きわめて危うかった。ぎりぎりのところで命拾いしている。なぜ助かったのか。第一に、決断が早かった。城に火の手が上がったのを見るや、身一つで走った。それが脱出に成功した最大の要因です。ぐずぐずしていた他の多くの女性たちは、場内に乱入してきた敵兵に捕らえられ、ひどい目にあったに違いない。

加えて第二に、運良く常高院の一行に出会えた。おきくの父・祖父が浅井家の家臣で、常高院に縁故をアピールできた。もし常高院に会えなかったら、また一行に加わるのを許されなかったら、彼女は南の藤堂陣を目指して歩き続けたはず。南下するとは、すなわち北上してくる徳川方に自ら飛び込んでいくことです。これまた危険きわ

図19　『大坂夏の陣図屏風』左隻（大阪城天守閣蔵）

まりない。

　黒田藩が伝えてきた『大坂夏の陣図屏風』は黒田長政が陣のあとに描かせたもの（異説もあり）。右隻と左隻の二つから成り、それぞれが六つに折り曲がります（六曲一双の屏風）。右隻は城南の情景。豊臣方と徳川方の激闘です。右端に徳川の本陣、左端に大坂城天守閣を配し、そのあいだにびっしりと両軍の兵が描き込まれる。赤備えの真田幸村隊の活躍が見られます。

　でも、今注目したいのは左隻。ここには、大坂城落城にともなう、城北の混乱と惨状がじつにリアルに描かれている。

敗走しているのは大坂方の兵士だけではありません。大坂城下に住んでいた町人も、小舟にのったり、歩いたりして、なんとか淀川を渡って逃げようとしています。そこに徳川兵が襲いかかっている。当時の言葉でいう「乱取り」です。罪もない町人が乱暴され、荷物が奪われ、容赦なく殺されていく。「死者は十万人にのぼり、淀川は死体であふれた」と、ある外国人宣教師のレポートがあります。おそらく誇張していたのでしょうが、かなり悲惨な状況だったことは間違いありません。

おきくは間一髪、犠牲者の列に加わらずに済んだのでした。

# 第九章

# 幸村の何が人をひきつけるのか

## 豪勇、本多平八郎

第三章76ページで里見氏を取り上げましたが、徳川家康が関東に領地を移したとき、この里見氏への押さえとして上総・大多喜十万石に配置されたのが本多忠勝（一五四八〜一六一〇）でした。忠勝といえば三河武士の代名詞。豪勇の士として知られ、徳川四天王の一人に数えられます。

幼少のころから合戦に従軍し、五十回を超える戦いで一度の手傷も負わなかったといいます。でも、ただの「いくさバカ」ではありません。関ヶ原の戦いの前後では、同じく四天王の一人である井伊直政《いいなおまさ》と組んで文書をしきりに作成し、徳川家への従属・内通を呼びかけている。徳川家の外交を担っていたのです。

関ヶ原の戦いのあとには、伊勢・桑名十万石に移封。当時の桑名は「十楽《じゅうらく》の津《つ》」といわれ賑わった港町ですから、栄転です。それから彼の次男である忠朝《ただとも》には、大多喜五万石が与えられた。本多一族としてはその分領地が増えている。

それから、忘れてはいけないのは、忠勝の娘の小松。彼女が真田信幸に嫁いでいる。

その縁があるので、忠勝は真田昌幸《まさゆき》・幸村父子の罪の軽減を、家康と秀忠に嘆願しました。その運動が功を奏し、切腹でもおかしくないところを、父子には紀州・九度山《くどやま》への蟄居《ちっきょ》、という処分が下りました。真田家の本領の信濃・上田は、信幸が受け継いでいます。

## 武士は形から入るという家訓

忠勝が武士について語った言葉がありますので、紹介しておきましょう。

「それがし家人らは形物好《かたものずき》よりして、武士の正道に入るべし（『本多平八郎家訓』）」

武士はただ志さえ正しくあれば、形が悪くても善き武士だという教えがある。これも悪い教えとはいえないが、わが家は違う。わが本多家は、形から入る。形を良くして、真の武士へなっていく。形が良いのは、その人の心根が良いからだ。心の良さが外へ表れるのだ。健康的な身なりをして内面は激しいというのが本多家流である——。

内面を磨け、とはよく聞きますが、身なりから入れ、というのはたしかに実践的ですよね。

「侍は首とらずとも手柄せずとも、ことの難しきに至りて、主君と枕を並べて討ち死にを遂げ、忠節を守るを指して侍と申すなり（同右）」

合戦で首を取ってこなくてもいい。格別な手柄を立てなくてもいい。主人が武運拙く敗れて死んでいくときに、一緒に死んでやる。それこそが侍だ——。なんと濃密な主従の絆でしょうか。そんなことを説く忠勝だから、その遺言は次の歌であると言われました。

「死にともな　ああ死にともな　さりとては　君の情けの　今は恨めし」

下の句は「深き御恩の　君を思えば」とする説も流布していますが、この有名な歌は実は忠勝のものではないらしい。『名将言行録』には、忠勝の死に際して、大谷《おおたに》三平《さんぺい》という家臣が殉死した。すると、三平のしもべが、三平のあとを追って自害した。そのしもべの辞世の歌だ、とあります。でも、いざというとき主人と一緒に死ぬ。それこそが侍だ、という忠勝にぴったりです。それで、いつの間にか忠勝の辞世として一人歩きを始めたのでしょう。

## 本多家と小笠原家の深いご縁

家康のころ、本多家は、小笠原家と深く結びついていました。これは、ちょっと考えただけではよく分からない。小笠原家は清和源氏の名門です。鎌倉時代初めから信濃国に大きな力をもち、有名な「小笠原流礼法」(その根幹には騎射の技術がある)を育んだことでも知られます。二つの家はどこに接点があったのか。

答えは松平信康《のぶやす》。第四章96ページでも少しふれたのですが、家康の長男です。織田信長の命によって彼が自害したとき、信長の娘・五徳姫《ごとくひめ》とのあいだに二人の女子が遺されました。五徳は織田家に帰り、二人の姫は祖父の家康によって育てられた。家康はやがて彼女たちを嫁に出した。姉の登久姫《とくひめ》(一五七六〜一六〇七)は小笠原秀政《ひでまさ》に。妹の熊姫(一五七七〜一六二六)は忠勝の長男の忠政《ただまさ》に。

両家のご縁はこれに留まりません。熊姫が産んだ亀姫《かめひめ》(一五九七〜一六四三)は曽祖父・家康の養女として、登久姫の長男・忠脩《ただなか》と結婚するのです。いとこ同士での婚姻です。こうした縁組みを見ると、非業の最期を遂げた信康の忘れ形見の二人を、家

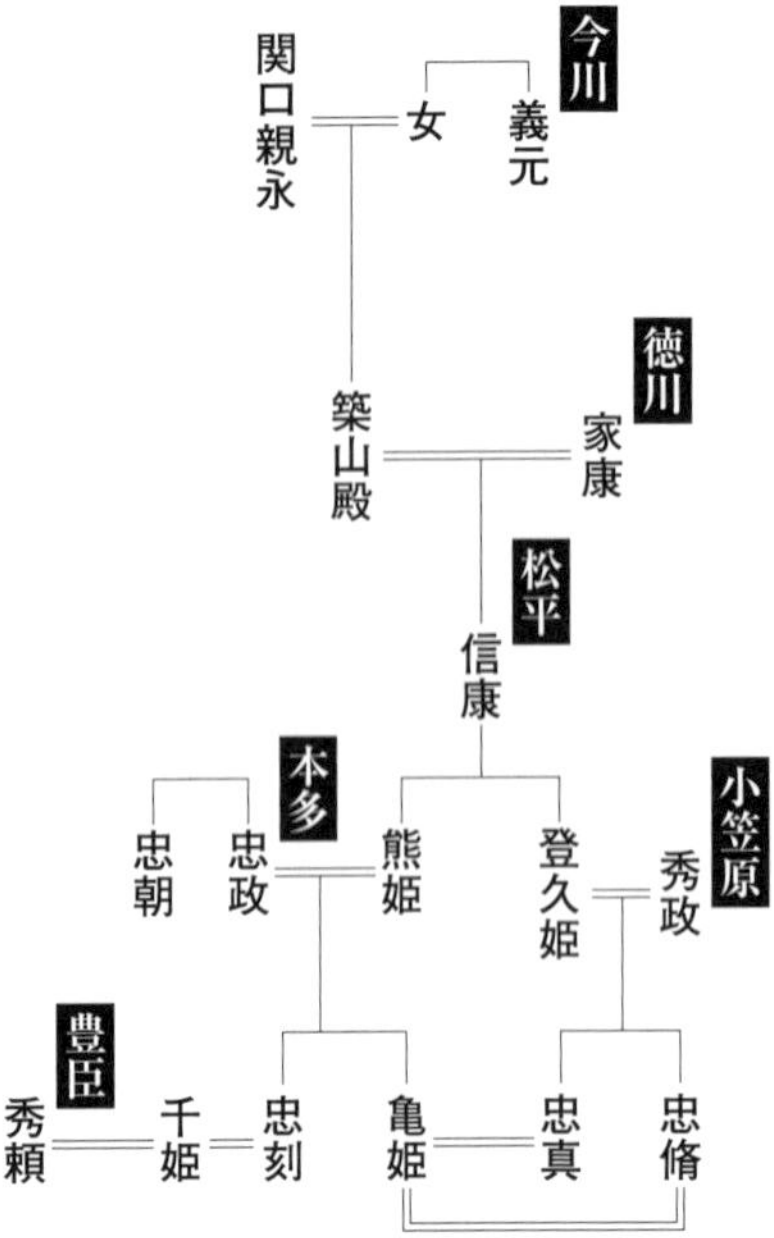


図20　小笠原と本多

康がずっと気にかけている様子が分かります。

婚姻は二つの家を結びつける、もっとも効果的な外交手段です。だから徳川政権が発足するにあたり、徳川家としてはなるべく外様《とざま》の大名に一族の女性を嫁がせたい。有力な外様大名を、徳川家に引き寄せたいのです。その代表が、うまくいきませんでしたが、秀忠の長女、千姫《せんひめ》の豊臣秀頼への輿入れです。それから次女の珠姫《たまひめ》は、第七章146ページでもふれたように、わずか三歳で前田利常に嫁いでいる。

でも外様大名との縁組みは、千姫の例が端的に示すように、徳川家の女性に不幸な結果をもたらす可能性を秘めている。彼女たちの安穏な生活を望むのであれば、本当は徳川譜代の家に嫁にやりたい。譜代の家来なら、徳川家に逆らうようなことには、まずなりませんから。熊姫と本多忠政の婚姻は、まさにそういう意味合いをもっていたのではないか。

小笠原家は先述したように信濃の名族で、徳川譜代の家臣ではない。登久姫はその家と縁組みしたわけですが、これは豊臣秀吉の仲介によるものでした。そこで家康は本来は外様である小笠原家を、譜代大名として位置づけた。そのうえで、没落していた秀政に下総・古河三万石を与え、ついで信濃・飯田五万石へ栄転させました、登久姫の幸せを願う、家康の心遣いの賜物でしょう。

姫は飯田で病没しますが、慶長十八（一六一三）年、秀政はついに、先祖代々の地である信濃・松本（八万石に加増）への帰還を果たしました。登久姫は亡くなってなお、内助の功を発揮したのです。

## 大坂の陣で壊滅するも、さらに栄転

徳川家康のお眼鏡にかなった本多家、小笠原家。ところがその信頼が、武門の宿命ではありますが、厳しい試練をもたらします。大坂夏の陣、五月七日。天王寺・岡山の戦い。家康本隊を守るように、その近くに位置していた本多隊・小笠原隊は真田幸村率いる大坂方の猛攻にさらされます。激戦の末、小笠原隊はほぼ壊滅、忠脩はその場で戦死。父の秀政は瀕死の重傷を負って戦場を離脱後、ほどなく没します。本多隊では忠朝が奮戦の末に討ち死にしました。城主クラスの犠牲者は、大坂の陣を通じて、彼らのみです。

徳川幕府は彼らの犠牲に手厚く酬いました。当主を失った小笠原家は、忠脩の弟の忠真《ただざね》が未亡人になった亀姫と結婚したうえで、信濃・松本八万石を継ぎました。忠真は二年後に播磨・明石十万石に加増。寛永九（一六三二）年、忠真の同母妹を正室としていた細川忠利が肥後・熊本に移ったあとを受けて、豊前・小倉十五万石の殿様へと躍進します。小笠原本家はそのまま明治維新まで、小倉の地で繁栄しました。

それから、亀姫は忠真と再婚したあと、忠脩の遺児を産みました。これが長次《ながつぐ》で、後述する本多政朝《まさとも》のあとを受け、播磨・龍野五万石の大名に取り立てられました。また、忠真が小倉に移るのと時を同じくして、同じく豊前の中津八万石に加増・移封されています。この家はのちに改易されます（当主の悪政と後継者の断絶が理由）が、そのときも「先祖・秀政の忠節」を理由に再興を許され、播磨・安志《あんじ》一万石として明治を迎えます。

本多家は、忠政が伊勢・桑名十万石から播磨・姫路十五万石に加増・移封。また忠政の嫡男である忠刻《ただとき》のもとには、化粧料十万石を携えて、秀頼未亡人の千姫が嫁いできました。戦死した忠朝のあとの上総・大多喜五万石は、忠政の次男の政朝が継ぎます。政朝はやがて本家の姫路領に隣接する播磨・龍野五万石に移り、忠刻の逝去ののちに本家を継ぐことになります。

ちなみに忠朝ですが、彼は大酒飲みで、天王寺・岡山の戦いに二日酔いで臨んだという伝承があります。それで、討ち死にするときに「戒むべきは酒なり、今後わが墓に詣でる者は、必ず酒嫌いとなるべし」と言ったとか言わないとか。彼の墓は骨仏で有名な一心寺（大阪市天王寺区逢阪）の境内にあり、禁酒を誓う人がよく詣でているそうです。

## 勝敗はすでに決していた大坂夏の陣

大坂夏の陣の経過を、まず。夏の陣、などと大仰に言うから、それなりの期間、戦いが続いたかのような錯覚に陥りますが、幕府軍の出動から大坂城落城まで、ほぼ一直線です。幕府軍は軍議を開き、河内路と大和路、二方面から大坂城に迫ることに決定しました。

慶長二十（一六一五）年五月五日、徳川家康は京都を出発します。家臣たちに「三日分の腰兵糧でよい」と指示した、といいます。大坂城には堀も真田丸も、もうない。防御機能が低下した大坂城など、恐れるに足らず、という判断でしょう。また、それは正しかったのです。

五月六日、大和路と河内路で大坂方は幕府軍を迎え撃ちます。道明寺の戦いと、八

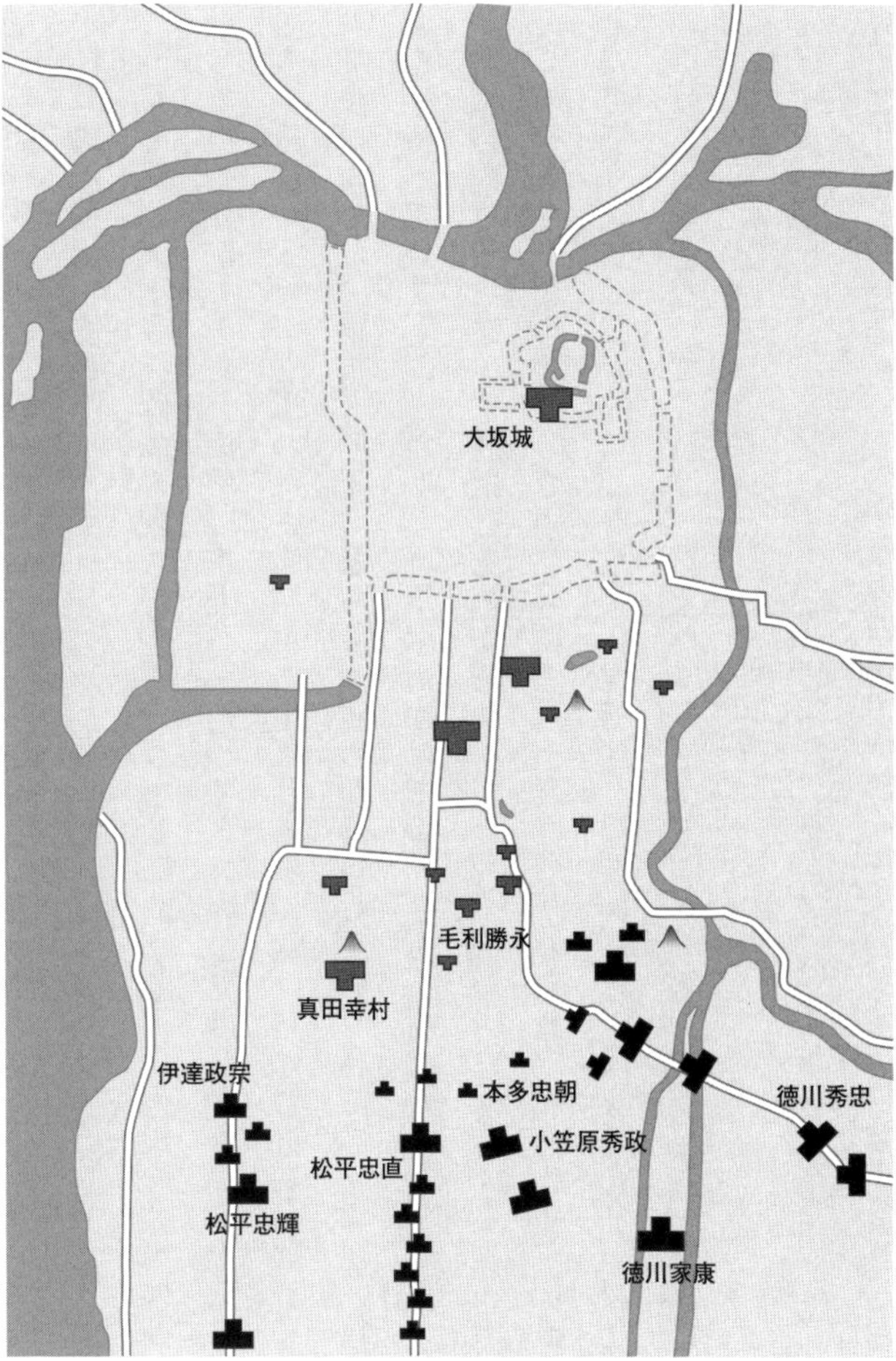


図21　大坂夏の陣

尾・若江の戦いです。戦いはともに大坂方の敗北。前者では後藤又兵衛が、後者では木村重成が戦死しました。

五月七日、天王寺・岡山の戦いが始まろうとしていました。徳川の大軍はひたひたと、豊臣秀頼がこもる大坂城の本丸へと迫ってきていた。けれどもその士気は、必ずしも高くなかった、と思われます。たとえば関ヶ原の戦いでは、日本全国が二つに割れて戦いました。東軍と西軍、どちらが勝つか分からない。勝てば繁栄が、負ければ滅亡が待っていました。だから両軍は命がけで戦わざるを得なかった。

大坂の陣は違います。勝敗は初めから決していた。大坂方に味方する現役大名は、ただの一人もいなかったのです。秀頼は六十万石余りの大名でしかなく、合戦で手柄を立てても恩賞は限定的。こうした状況では、将も兵もまずは身の安全を図り、懸命に戦うことをしないでしょう。緊迫感よりも、どこか弛緩した空気が、全軍に広がっていたのではないでしょうか。

一方、大坂方の主力は、七万八千人の、失うもののない浪人たちでした。彼らは「冬の陣」を戦い抜いた。かりそめの講和が結ばれ、最大の防衛施設である堀が埋められる様子を見てきた。だから彼らは理解しています。もうこの戦いには希望がないことを。

## 城に残った者たちの心意気

これは勝ち目がない。無駄死にはごめんだ。そう考えた二万人余りは城を退去しました。でも天王寺・岡山の戦場に臨んだのは、逃げ出さなかった者たちです。彼らは何のために戦ったか。武人らしく戦場に散るため、としか考えようがありません。一人一人が覚悟を定め、武士の最後を飾ろうとしていたのです。

そして、彼らを統率したのが、この男、真田幸村。大坂に入城した武将には、これまで見てきたように、長宗我部《ちょうそかべ》盛親《もりちか》・南条元忠《なんじょうもとただ》など、かつて大名だった者がいました。彼らに比べれば、「真田昌幸の庶子」にすぎない幸村は、明らかに格下でした。でも「冬の陣」からずっと、最前線で奮闘していたのは、格下の彼だったのです。

関ヶ原の戦いのあと、真田幸村は九度山に蟄居していました。真田家の昔からの家来は、信州・上田九万五千石を継承した幸村の兄、信幸のもとで働いています。幸村の周囲にはごくわずかな家臣しかいませんでした（もちろん、それは「真田十勇士」などという、スーパーマン集団ではありません）。

ですから五千人ともいわれる真田隊を形成したのは、大坂城に入城したとき、彼につけられた浪人たちだったと考えるべきです。浪人たちは大坂城で初めて、無名だった幸村に出会い、その指揮下に属した。

幸村は「冬の陣」において、「真田丸」という独立した出城を築きます。この出城を拠点として、あるときは騎馬隊を前に押し出し、あるときは鉄砲を集中的に撃ちかけて、徳川方の前田利常隊などを散々に苦しめました。そのみごとな采配は、真田幸村の名を天下に知らしめましたし、同時に浪人たちのあつい信頼を獲得したのです。彼には、人並みはずれた統率力があったのです。

## 最後の戦場に向かう心中にあるもの

繰り返しますが、「夏の陣」において勝敗はすでに決している。徳川方は講和をもちかけて、真田丸は破却し、堀を埋めてしまった。そうやって大坂城を裸城にして、再び戦いを開始した。こうなれば野戦しかないけれど、兵力差は歴然としているのです。一発逆転を狙うには、敵の大将である家康を討ち取る以外にない。

いや、それが仮に実現しても、徳川方にはなお、将軍秀忠がいる。大坂方が勝つことはほぼありえない。でも、ともかくも、一矢報いよう。家康の首を。幸村は残存兵力を結集し、毛利勝永隊と連携しながら、徳川家康の本陣に向け、最後の突撃をここ ろみます。

真田家は豊臣から、さほどの恩を受けていたわけではありません。幸村の父の昌幸は、関ヶ原のときに真田の家を二分し、東西どちらが勝っても真田家が生き残れるようにした。豊臣に味方したのは、いわば方便です。それで東軍が勝利した結果、兄の信幸は上田城主となり、弟の幸村は浪人となった。

彼の配下の浪人たちも同様です。彼らは各地から集まってきている。事情はさまざまにあったでしょう。彼らの心中にあったのは、豊臣家への報恩などではない。この点は共通していました。戦いのない世が、唐突にやってきた。戦場で手柄を立てることはできない。もう、おれには仕官するチャンスがない。このまま朽ちていくのなら、最後の戦場に立とう。

彼らは、みな武人としての生涯を全うしようと、戦いに臨んでいました。大坂城内には豊富な武器・弾薬が備蓄されていましたし、職人もいたのでしょう。どこまでが史実かは判然としませんが、彼らは具足を赤で統一した。縁あって出会った彼らは、心を一つにして赤い具足を身につけ、幸村の指揮のもと、雲霞《うんか》の如き徳川方に挑んでいったのです。

## だから幸村はかっこいい

正午ごろに開始された戦闘は、たいへんな激戦となりました。本多忠朝と小笠原忠脩らが家康の盾となって、討ち死にを遂げます。混乱に乗じた真田隊はさらに多くの敵陣を突破し、ついに家康本陣への突入に成功。三度にわたって猛攻を加えました。

精強をもって鳴る三河以来の旗本隊は大混乱に陥り、栄光ある徳川の馬印が顛倒、家康は騎乗して後退したほどでした。

幸村はけっして豪傑タイプではありません。小柄で穏やか。最近は白髪が多くなり、歯も抜けた、なんてグチっている。うちの娘をどうか宜しく、離縁せず、添い遂げてやってくれ、と手紙で頼む優しいパパでもある。

でも、見た目の冴えないおじさんは、関ヶ原敗戦後の不遇にめげず、紀州・九度山で心の刃を研いできた。慶長二十（一六一五）年五月七日、まさにこの日のためだけに生きてきた。真田丸で浪人たちのハートをつかみ、天下人・家康をあわや、というところまで追いつめた。これをかっこいいと言わずして、何と言いましょうか。

しかし。あと一歩、足りなかった。周囲から駆けつけた援軍により、徳川本陣は態勢を立て直し、真田隊は撃退されます。兵たちは次々に斃れてゆき、幸村は松平忠直《ただなお》(越前七十五万石)の部隊によって討ち取られました。四十九歳でした。同日の深夜、大坂城は陥落。翌日、豊臣秀頼と淀殿が自害して大坂の陣は終了します。

豊臣家は滅びました。完膚なきまでの敗北です。でもやりぬいた幸村は、満足だったのではないでしょうか。最後の敵（西尾仁左衛門《にしおにざえもん》という武士）が目の前に現れたとき、もはや疲れ切っていた彼は、自ら討たれたといいます。そのとき、彼はきっと、微笑んでいたように思うのです。

島津家の『薩藩旧記』は、幸村の奮戦を「真田日本一の兵《つわもの》、古《いにしえ》よりの物語にもこれなし」と記しました。彼への賞賛と感嘆は、江戸時代に「真田神話」とも言うべき一連の物語を生み出していくのです。

# おわりに

「真田幸村はかっこいい！」なんて言おうものなら「それでも歴史研究者か」と、四方八方から石を投げられる雰囲気が、学界にはあります。たしかに、かっこいいとかすばらしいとか、逆に許せないとか腹立たしいとか、歴史的人物を高いところから評価したり、裁断するのは研究ではない。研究は科学的に、つまり客観的に詰めていくべきなのです。

「歴史の主人公は英雄ではなく、名もない庶民であるところの私たちである」。それは分かります。そうした人々の動向を何とか掬《すく》い取りたい、とぼくも努力を続けているつもりです。でも「英雄とは大きな仕事をして歴史に名をとどめた人をいうのではない。黙々と田を耕し、生活を維持し、生涯を全うした無名の人をこそ、そう呼ぶのだ」とまで言われると、思わず「うん？」と首を傾げたくなります。

天皇を崇拝する。歴史を物語として叙述する。そうした特徴をもつ皇国史観が、太平洋戦争前は絶大な力をふるっていました。それゆえに反動もまた大きくて、戦後の歴史学においては唯物史観が隆盛しました。そこでは歴史的人物の人間像を掘り下げるような分析は、英雄賛美につながるとの懸念をもたれたためか、影を潜めたのです。

たとえば最近の「織田信長は英雄にあらず」論の大合唱にはそうした風潮の残滓を見ることができるような気がしますが、それはさておくとして、「唯物史観もまた絶対ではない」ということについては、すでにコンセンサスができていると考えてよいでしょう。それならば、人物史のあり方についても、変化があっていいはずです。

先日、ぼくは歌手である友人と、忌野清志郎《いまわのきよしろう》さんについてちょっとした言い争いをしました。喉頭がんを患った忌野さんは、声を失うことになる手術を拒絶し、そのことが彼の死を早めたかもしれない、といわれています。その友人（のどではなかったが、初期がんが見つかっていた）は言うのです。われわれ歌手にとり、声を失うつらさは想像を絶するものである。けれども私は、それでも手術を受けて、生にしがみつくべきだったと思う。

いや、それはどうだろう、とぼくは反論しました。声を失って生きるより、歌手であることを全うする。いかしてるぜ、と思うよ、と。

いや、歌えなくても作る側に回ればいいのだし、何より、忌野さんほどの人であれば、その生き方には社会的な責任も伴うのだから。友人はそう言って譲らず、話は平行線のままでした。

手術を受けるか否か。どちらが良かったかは分かりません。でも、命の長さより歌を選択した。あくまでも「歌う」ことにこだわった彼の生き様は、十分に「あり」である。ぼくはそう思います。また（少し長めの）はじめに（33ページ参照）で記したように、「歴史に人間が登場してくる」時代にあっては、歴史的人物を彼や彼女の主体的な意図にそって理解し、そこに人間としての共感や反感をもつことも「あり」だと思うのです。

唯物史観を信奉する研究者は、黙々と働き続けた人々を高く評価する。ぼくはそれを否定するつもりはありません。それは貴いものであるし、ぼくにはまねできない。一方で、自分らしくあるために、生命エネルギーを一時に燃やすが如き生き方にも、強く惹かれます。それもまた、ぼくにはできない、すごいことだからです。

幸村は逆境（九度山蟄居）に置かれても心を折りませんでした。仕事場に着任すると自ら動き（大坂城真田丸）、仲間（浪人たち）の信頼を獲得しました。そして慶長二十（一六一五）年五月七日、自身の生の集大成として強大な敵（家康）に果敢に挑み、わずかに力及ばず、斃れたのです。それはぼくたち凡人のよくなし得るところではない。それを思えば、やっぱり、「幸村はかっこいい！」のです。

〈著者プロフィール〉
**本郷和人（ほんごう・かずと）**
東京大学史料編纂所教授。1960年東京生まれ。東京大学文学部・同大学院にて石井進氏、五味文彦氏に師事し、日本中世史を学ぶ。専門は中世政治史、古文書学。文学博士。史料編纂所では『大日本史料』第五編の編纂を担当。著書に『天皇はなぜ生き残ったか』『戦国武将の明暗』（ともに新潮新書）、『謎とき平清盛』（文春新書）、『戦国武将の選択』（産経セレクト）などがある。

なぜ幸村は家康より日本人に愛されるのか
2015年10月20日　第1刷発行

著　者　本郷和人
発行人　見城 徹
編集人　福島広司

GENTOSHA

発行所　株式会社 幻冬舎
〒151-0051　東京都渋谷区千駄ヶ谷4-9-7
電話　03(5411)6211(編集)
03(5411)6222(営業)
振替00120-8-767643
印刷・製本所　図書印刷株式会社

検印廃止


ISBN978-4-344-02849-4　C0095
幻冬舎ホームページアドレス　http://www.gentosha.co.jp/

この本に関するご意見・ご感想をメールでお寄せいただく場合は、
comment@gentosha.co.jpまで。

JASRAC 出 1511238-501